Sara Mason

Esencia Pura
La Cosmética Natural
y la Revolución en el Cuidado Personal

Título Original: Essência Pura
Copyright © 2025, publicado por Luiz Antonio dos Santos ME.

Este libro es una obra de no ficción que explora prácticas y conceptos en el ámbito de la cosmética natural y el cuidado holístico personal. A través de un enfoque integral, la autora ofrece herramientas prácticas para alcanzar bienestar físico, emocional y espiritual.

1ª Edición
Equipo de Producción

Autora: Sara Mason
Editor: Luiz Santos
Diseño de Portada: Studios Booklas/ Arnaldo Gomes
Diagramación: Clara Gómez
Traducción: Alejandro Ortega

Publicación e Identificación
Esencia Pura: La Cosmética Natural y la Revolución en el Cuidado Personal
Booklas, 2025

Categorías: Belleza y Cosmética Natural / Bienestar Holístico
DDC: 646.7 **CDU:** 391.7

Todos los derechos reservados a:
Luiz Antonio dos Santos ME / Booklas

Ninguna parte de este libro puede ser reproducida, almacenada en un sistema de recuperación o transmitida por ningún medio — electrónico, mecánico, fotocopia, grabación u otro— sin la autorización previa y expresa del titular de los derechos de autor.

Contenido

Indice Sistemático 5
Prólogo 9
Capítulo 1 Belleza Holística 11
Capítulo 2 Ingredientes Naturales 18
Capítulo 3 Preparación y Conservación 25
Capítulo 4 Piel: Tipos y Necesidades 31
Capítulo 5 Cabellos: Tipos y Cuidados 37
Capítulo 6 Prueba de Sensibilidad 44
Capítulo 7 Limpieza Facial Natural 50
Capítulo 8 Exfoliación Facial 56
Capítulo 9 Hidratación Facial 62
Capítulo 10 Mascarillas Faciales Naturales 68
Capítulo 11 Tónico Facial Natural 74
Capítulo 12 Ojeras y Bolsas 81
Capítulo 13 Acné Naturalmente 88
Capítulo 14 Manchas en la Piel 96
Capítulo 15 Rejuvenecimiento Facial 103
Capítulo 16 Protección Solar Natural 110
Capítulo 17 Exfoliación Corporal 117
Capítulo 18 Hidratación Corporal 124
Capítulo 19 Celulitis: Tratamiento Natural 131
Capítulo 20 Estrías: Prevención y Tratamiento 137
Capítulo 21 Baños Terapéuticos 144
Capítulo 22 Desintoxicación Corporal 151
Capítulo 23 Lavado Natural del Cabello 158

Capítulo 24 Acondicionador Natural 164
Capítulo 25 Mascarillas Capilares Naturales 170
Capítulo 26 Finalización Natural 176
Capítulo 27 Caída del Cabello 182
Capítulo 28 Caspa y Cuero Cabelludo 189
Capítulo 29 Canas 196
Epílogo 203

Indice Sistemático

Capítulo 1: Belleza Holística explora el concepto de belleza holística, que abarca el bienestar físico, emocional y espiritual, y cómo se relaciona con el uso de la cosmética natural.

Capítulo 2: Ingredientes Naturales profundiza en los ingredientes naturales específicos utilizados en la cosmética natural, incluyendo aceites vegetales, mantecas, arcillas y extractos de plantas, destacando sus beneficios terapéuticos.

Capítulo 3: Preparación y Conservación ofrece una guía sobre cómo preparar y conservar cosméticos naturales de manera segura y eficaz, incluyendo consejos para el espacio de trabajo, higiene, medición de ingredientes, técnicas de preparación y almacenamiento adecuado.

Capítulo 4: Piel: Tipos y Necesidades analiza los diferentes tipos de piel y sus necesidades específicas, ofreciendo información sobre cómo identificar tu tipo de piel y elegir productos naturales adecuados.

Capítulo 5: Cabellos: Tipos y Cuidados explora los diferentes tipos de cabello y sus necesidades específicas, con consejos sobre cómo cuidar el cabello de forma natural, incluyendo el lavado, acondicionamiento y tratamiento.

Capítulo 6: Prueba de Sensibilidad enfatiza la importancia de realizar pruebas de sensibilidad antes de usar cualquier producto cosmético natural para evitar reacciones alérgicas, incluyendo instrucciones paso a paso sobre cómo realizar la prueba de forma segura.

Capítulo 7: Limpieza Facial Natural se centra en la importancia de la limpieza facial natural y cómo realizarla de manera eficaz utilizando productos naturales, incluyendo recetas para diferentes tipos de piel.

Capítulo 8: Exfoliación Facial explora los beneficios de la exfoliación facial para eliminar las células muertas de la piel y cómo realizarla con productos naturales, incluyendo recetas para diferentes tipos de piel.

Capítulo 9: Hidratación Facial destaca la importancia de la hidratación facial para mantener una piel sana y radiante, incluyendo consejos para elegir productos naturales hidratantes y recetas para diferentes tipos de piel.

Capítulo 10: Mascarillas Faciales Naturales ofrece una guía sobre cómo preparar y usar mascarillas faciales naturales para diferentes necesidades de la piel, incluyendo recetas para hidratación, purificación y rejuvenecimiento.

Capítulo 11: Tónico Facial Natural analiza los beneficios del uso de tónicos faciales naturales para equilibrar el pH de la piel y prepararla para otros tratamientos, incluyendo recetas para diferentes tipos de piel.

Capítulo 12: Ojeras y Bolsas aborda el tratamiento natural de las ojeras y bolsas, incluyendo consejos sobre cómo reducir su apariencia con productos naturales y prácticas saludables.

Capítulo 13: Acné Naturalmente explora las causas del acné y cómo tratarlo de forma natural, incluyendo consejos sobre la rutina de cuidado de la piel, la alimentación y recetas para productos naturales.

Capítulo 14: Manchas en la Piel se centra en la prevención y el tratamiento natural de las manchas en la piel, incluyendo consejos sobre cómo protegerse del sol, la alimentación y recetas para productos naturales.

Capítulo 15: Rejuvenecimiento Facial ofrece una guía sobre cómo cuidar la piel para prevenir y tratar los signos del envejecimiento de forma natural, incluyendo recetas para productos rejuvenecedores y consejos sobre el cuidado diario.

Capítulo 16: Protección Solar Natural analiza la importancia de la protección solar y presenta alternativas naturales a los protectores solares convencionales, incluyendo recetas caseras y consejos para una protección eficaz.

Capítulo 17: Exfoliación Corporal aborda los beneficios de la exfoliación corporal para eliminar las células muertas de la piel y cómo realizarla con productos naturales, incluyendo recetas para diferentes tipos de piel.

Capítulo 18: Hidratación Corporal destaca la importancia de la hidratación corporal para mantener una piel sana y radiante, incluyendo consejos para elegir productos naturales hidratantes y recetas para diferentes tipos de piel.

Capítulo 19: Celulitis: Tratamiento Natural explora las causas de la celulitis y cómo tratarla de forma natural, incluyendo consejos sobre alimentación, ejercicio físico y recetas para productos naturales.

Capítulo 20: Estrías: Prevención y Tratamiento se centra en la prevención y el tratamiento natural de las estrías, incluyendo consejos sobre cómo mantener la piel hidratada y recetas para productos naturales.

Capítulo 21: Baños Terapéuticos explora los beneficios de los baños terapéuticos para promover la relajación y el bienestar, incluyendo recetas para diferentes tipos de baños con hierbas y aceites esenciales.

Capítulo 22: Desintoxicación Corporal ofrece una guía sobre cómo desintoxicar el cuerpo de forma natural, incluyendo consejos sobre alimentación, hidratación, ejercicio físico y recetas para jugos detox y tés.

Capítulo 23: Lavado Natural del Cabello presenta alternativas naturales para el lavado del cabello, incluyendo recetas para champús sólidos y líquidos, y consejos sobre cómo cuidar diferentes tipos de cabello.

Capítulo 24: Acondicionador Natural explora los beneficios del uso de acondicionadores naturales y ofrece recetas para prepararlos en casa, incluyendo opciones para diferentes tipos de cabello.

Capítulo 25: Mascarillas Capilares Naturales ofrece una guía sobre cómo preparar y usar mascarillas capilares naturales para diferentes necesidades del cabello, incluyendo recetas para hidratación, nutrición y reparación.

Capítulo 26: Finalización Natural aborda las diferentes formas de finalizar el cabello de forma natural, utilizando productos como aceites vegetales, mantecas y extractos naturales, incluyendo recetas caseras.

Capítulo 27: Caída del Cabello explora las causas de la caída del cabello y cómo tratarla de forma natural, incluyendo recetas para tónicos y mascarillas capilares, y consejos sobre cómo cuidar el cuero cabelludo.

Capítulo 28: Caspa y Cuero Cabelludo se centra en el cuidado del cuero cabelludo y en el tratamiento natural de la caspa, incluyendo recetas para champús, tónicos y mascarillas capilares, y consejos sobre cómo mantener un cuero cabelludo saludable.

Capítulo 29: Canas aborda los cuidados específicos para cabellos con canas, incluyendo consejos sobre cómo mantener la hidratación, la nutrición y la protección del cabello, y presenta alternativas naturales para la coloración.

Prólogo

Imagina un universo donde cada toque en tu piel, cada aroma que inhalas y cada elección que haces al cuidar de ti mismo no solo transforma tu apariencia, sino que también te conecta a algo mayor: la esencia de una vida plena, equilibrada y en armonía con el mundo que te rodea. Este libro es más que una lectura; es un portal a ese universo.

Aquí, los secretos ancestrales y la ciencia moderna se unen para revelar un conocimiento transformador, que va mucho más allá de lo que es visible en el espejo. Prepárate para sumergirte en un enfoque holístico que transciende el mero cuidado estético. Serás invitado a explorar la belleza como expresión de bienestar integral, alineando cuerpo, mente y espíritu en un flujo natural y armonioso.

Cada página trae no solo información, sino revelaciones. Descubrirás cómo ingredientes simples y naturales, hace tiempo olvidados en un mundo dominado por la artificialidad, poseen el poder de revitalizar y renovar no solo la piel, sino también la conexión con tu propia esencia. La cosmética natural aquí presentada no es una moda pasajera; es un retorno a la sabiduría, un rescate del respeto por la naturaleza y por el cuerpo como un templo sagrado.

Al abrir este libro, te permitirás ir más allá de las barreras impuestas por patrones rígidos e inalcanzables. Serás conducido por un camino de descubrimientos prácticos y reflexiones profundas, que van desde la elección consciente de alimentos que nutren la piel por dentro hasta rituales de autocuidado que promueven la paz interior. Es más que un manual de belleza: es una invitación a repensar tu estilo de vida, tus prioridades y la forma como te relacionas contigo mismo y con el planeta.

Las palabras aquí presentes no fueron escritas solo para ser leídas, sino para ser vividas. Al aplicar los principios y técnicas compartidos, sentirás una transformación genuina. No solo en la suavidad de tu piel o en el brillo de tu cabello, sino en la manera como ves y aprecias el mundo que te rodea.

Permítete esta jornada. Déjate inspirar por la alquimia de los ingredientes naturales y por el poder de elecciones conscientes. Acepta este libro como una guía que no solo ilumina el camino para una belleza auténtica, sino que también despierta un profundo sentido de respeto y admiración por la maravilla que es el cuerpo humano y su conexión intrínseca con la naturaleza.

Abre este libro con el corazón y la mente abiertos, y prepárate para una experiencia que irá mucho más allá de lo que imaginaste.

Con profunda admiración por tu búsqueda,
Luiz Santos
Editor

Capítulo 1
Belleza Holística

La belleza representa una expresión profunda y multidimensional que refleja no solo la apariencia, sino también el equilibrio y la vitalidad interior. Lejos de ser un concepto restringido o superficial, es una manifestación de armonía entre cuerpo, mente y espíritu, una integración que transciende los patrones impuestos por la sociedad y abraza la singularidad de cada individuo. En vez de seguir modelos estereotipados, la verdadera belleza encuentra sus raíces en la salud integral, en la conexión con la naturaleza y en la autenticidad de vivir plenamente. Es un reflejo del bienestar que irradia de dentro hacia fuera, construido por elecciones conscientes y hábitos que nutren todas las dimensiones del ser.

Este entendimiento más abarcativo de la belleza no solo desafía paradigmas antiguos, sino que también invita a una transformación profunda en la manera como cuidamos de nosotros mismos. Alimentar el cuerpo con nutrición adecuada, cultivar pensamientos positivos y practicar el autocuidado son prácticas que forman la base de una vida equilibrada y gratificante. La belleza, en este contexto, deja de ser solo una búsqueda externa y se convierte en un reflejo natural de un interior en paz y alineado. El brillo de la piel, la fuerza del cabello y la energía del cuerpo pasan a ser señales de esta armonía, y no objetivos aislados.

La cosmética natural emerge como una aliada valiosa en este camino, ofreciendo un enlace entre el ser humano y los recursos de la naturaleza. Utilizando ingredientes que respetan el medio ambiente y las necesidades del cuerpo, promueve un cuidado que va más allá de lo estético y se extiende al bienestar global. Este enfoque no solo rescata tradiciones antiguas, sino que también estimula la conciencia ecológica y la valorización de procesos sostenibles. Al elegir cosméticos naturales, el individuo refuerza un compromiso con la salud propia y del planeta, creando un ciclo virtuoso de cuidado, respeto y belleza verdadera.

La belleza holística se presenta como una expresión profunda que sobrepasa los límites de la apariencia física, enraizándose en la conexión esencial entre cuerpo, mente y espíritu. Esta visión integrativa entiende la verdadera belleza como resultado de un estado de armonía interior, donde el equilibrio emocional, físico y energético se alinea. Es una belleza que no solo se refleja en la salud de la piel, en el brillo del cabello o en la vitalidad del cuerpo, sino también en la serenidad de una mirada, en la ligereza de los movimientos y en la alegría genuina de vivir. Este concepto transciende las demandas externas, permitiendo que la belleza se manifieste como un reflejo de la paz y del alineamiento interno.

Dentro de este enfoque, la cosmética natural se destaca como una aliada poderosa en la búsqueda por esta armonía. Más que solo productos y técnicas para el cuidado externo, ofrece un camino para el autoconocimiento y para la conexión con la naturaleza y consigo mismo. Con base en ingredientes naturales, respeta el cuerpo, valora el ambiente y transforma el acto de cuidarse en un ritual significativo. Este cuidado nos invita a ver nuestro cuerpo como un templo sagrado que merece ser nutrido con amor y respeto, promoviendo un ciclo continuo de bienestar y belleza.

La belleza holística se sustenta en pilares fundamentales que orientan tanto el cuidado diario como las elecciones personales. La nutrición consciente es uno de los principales pilares, siendo la base para la salud y la apariencia equilibrada. Una dieta rica en frutas, legumbres, verduras, granos integrales y proteínas de calidad ofrece al organismo los nutrientes necesarios para funcionar plenamente. Este cuidado con la alimentación se refleja en una piel luminosa, cabellos fuertes y uñas saludables. Optar por alimentos orgánicos y de producción local no solo refuerza la salud, sino que también promueve una relación sostenible con el medio ambiente, mostrando que las elecciones alimentarias impactan tanto al individuo como al planeta.

Otro pilar esencial es el equilibrio emocional. Emociones negativas como estrés, ansiedad e ira pueden impactar profundamente el cuerpo, manifestándose por medio de arrugas, acné, caída de cabello y otros desequilibrios. Por otro lado, cultivar sentimientos positivos como alegría, gratitud y amor es una práctica que armoniza el interior y se refleja en una apariencia más vibrante y saludable. Prácticas como meditación, yoga, momentos al aire libre y actividades placenteras son caminos eficaces para alcanzar esta armonía emocional y, consecuentemente, la belleza interior.

El movimiento consciente también desempeña un papel indispensable en este contexto. El cuerpo humano fue diseñado para moverse, y la práctica regular de actividades físicas no solo fortalece los músculos y mejora la circulación, sino que también promueve la liberación de endorfinas, que generan una sensación de bienestar. Sea por medio de danza, caminata, natación o yoga, encontrar una actividad placentera es esencial para mantener el cuerpo activo y la mente en equilibrio.

El sueño reparador es un pilar fundamental más. Durante las horas de descanso, el cuerpo realiza procesos de regeneración celular y liberación de hormonas vitales para la salud y la apariencia. Un sueño de calidad contribuye para una apariencia rejuvenecida y revitalizada, reforzando la importancia de crear un ambiente tranquilo y oscuro que favorezca el descanso profundo. Este cuidado se traduce en beneficios para la piel, para la salud general y para el estado emocional.

La conexión con la naturaleza emerge como un componente crucial para el bienestar integral. Estar al aire libre, respirar aire puro, sentir el sol en la piel y observar la belleza del mundo natural proporciona una sensación de equilibrio y tranquilidad. Esta relación con la naturaleza también es fortalecida por la cosmética natural, que utiliza ingredientes provenientes de fuentes sostenibles para cuidar la piel y el cabello, promoviendo una conexión con el ambiente y con nuestra propia esencia.

Por último, el autocuidado consciente representa un acto de amor propio que va más allá del simple cuidado con la apariencia. Se manifiesta en pequeños momentos diarios que nutren el alma y promueven bienestar. Sea un baño relajante, una lectura agradable o un ritual de skincare con cosméticos naturales, estas prácticas nos conectan con nuestra propia belleza única. Al transformar el autocuidado en una prioridad, celebramos la vida y reforzamos nuestra capacidad de irradiar belleza y confianza.

La cosmética natural, en particular, ofrece un retorno a los orígenes, rescatando la sabiduría ancestral y la riqueza de los ingredientes naturales. Aceites vegetales, mantecas, arcillas, extractos de plantas y aceites esenciales son utilizados para nutrir, proteger y embellecer de manera sostenible. Elegir productos libres de químicos agresivos no solo promueve la salud, sino que también contribuye para un impacto positivo en el medio ambiente, valorizando prácticas de consumo consciente y producción artesanal.

La jornada por la belleza holística es única y personal, un proceso de descubrimiento que no sigue patrones fijos, sino que se ajusta a las necesidades y deseos de cada individuo. Al nutrir el cuerpo, calmar la mente y alinear el espíritu, cada persona encuentra su propia expresión de belleza, que irradia autenticidad y bienestar. La cosmética natural es una herramienta en esta trayectoria, permitiendo que el cuidado consigo mismo sea también un momento de celebración y conexión con la propia esencia.

Esta búsqueda transciende lo físico, expresándose en gestos, sonrisas y miradas que iluminan no solo a quien la vivencia, sino también a todos alrededor. La belleza holística, en su plenitud, es una invitación a abrazar la singularidad y a cultivar un estado de equilibrio y paz que transforma no solo la apariencia, sino también la calidad de vida y las relaciones con el mundo.

La belleza holística también nos invita a mirar más allá de nosotros mismos, comprendiendo que nuestro estado interior influencia directamente el ambiente y las personas a nuestro alrededor. Cuando cuidamos de nuestra salud emocional, física y espiritual, irradiamos una energía que inspira y eleva a quien está próximo. Este efecto de desbordamiento demuestra que el autocuidado no es un acto egoísta, sino una práctica que, al fortalecer al individuo, crea conexiones más significativas y armoniosas con el colectivo y con la naturaleza.

Este camino, aunque repleto de desafíos, es profundamente recompensador. Cada elección consciente, desde el alimento que consumimos hasta los productos que aplicamos en nuestra piel, refleja un compromiso con una vida más plena y equilibrada. Son estos pequeños gestos, muchas veces cotidianos, los que construyen una base sólida para una belleza que no se limita al espejo, sino que resuena como una fuerza transformadora en todas las áreas de la vida. A cada paso, la jornada por la belleza holística se convierte en un testimonio de autenticidad, resiliencia y amor propio.

Al integrar cuerpo, mente y espíritu, descubrimos que la verdadera belleza es atemporal e ilimitada. Reside en la singularidad de cada ser, en la aceptación de las imperfecciones y en la valorización de lo que es esencial. Este equilibrio, que brota de dentro y se manifiesta en cada acción, es la prueba de que la belleza holística no es solo un ideal a ser alcanzado, sino una forma de vivir que nos permite florecer en nuestra totalidad.

Capítulo 2
Ingredientes Naturales

Los ingredientes naturales utilizados en la cosmética representan una verdadera riqueza de beneficios, siendo elementos versátiles y adaptables que atienden las más diversas necesidades de cuidado personal. Provenientes de fuentes sostenibles y ricas en nutrientes, son capaces de nutrir, regenerar y proteger la piel y el cabello, promoviendo no solo belleza, sino también salud integral. Este enfoque basado en la simplicidad y eficacia de la naturaleza no solo sustituye los productos químicos sintéticos que se encuentran frecuentemente en los cosméticos convencionales, sino que también ofrece una experiencia de cuidado que respeta el equilibrio natural del cuerpo y del medio ambiente. Al optar por estos ingredientes, se valoran los procesos orgánicos y las propiedades innatas que cada planta o mineral posee, transformando el cuidado diario en un ritual de conexión con la esencia de la tierra.

Entre las opciones más valiosas de la cosmética natural se encuentran los aceites vegetales, las mantecas vegetales, las arcillas y los hidrolatos. Cada categoría presenta un conjunto único de propiedades terapéuticas, que van desde la hidratación profunda hasta la regeneración celular y el control de condiciones específicas, como el acné o la resequedad extrema. Los aceites vegetales, por ejemplo, destacan por su composición rica en ácidos grasos esenciales y antioxidantes, ofreciendo una hidratación eficaz sin obstruir los poros. Las mantecas vegetales, con su textura densa y cremosa, son ideales para tratamientos intensivos, mientras que las arcillas, con sus propiedades remineralizantes, proporcionan limpieza profunda y renovación. Los hidrolatos, a su vez, ofrecen suavidad y frescor, funcionando como tónicos naturales para equilibrar el pH de la piel.

La elección por ingredientes naturales también refleja un compromiso con el bienestar a largo plazo y la sostenibilidad. Cada aceite, manteca o extracto lleva consigo una historia de cuidado tradicional y aprovechamiento responsable de los recursos de la naturaleza, promoviendo un ciclo virtuoso de consumo consciente. Al incorporar estas sustancias al día a día, es posible observar resultados que van más allá de la apariencia, alcanzando un estado de equilibrio interno y externo. Además, estos ingredientes no solo cuidan del cuerpo, sino que también promueven un impacto positivo en el medio ambiente, siendo biodegradables y provenientes de prácticas agrícolas que respetan el ecosistema. Esta unión entre funcionalidad, respeto a la naturaleza y bienestar es lo que hace de la cosmética natural una elección tan poderosa y transformadora.

Los ingredientes naturales son verdaderas joyas de la cosmética, ofreciendo una amplia gama de beneficios para el cuidado de la piel y el cabello, siempre respetando el equilibrio del cuerpo y del medio ambiente. Cada elemento, extraído de la naturaleza, lleva en sí un conjunto único de propiedades terapéuticas que van desde la hidratación profunda hasta el tratamiento de condiciones específicas, como acné, resequedad y sensibilidad. La elección por estos ingredientes es más que una decisión estética; es un compromiso con la salud integral y la sostenibilidad.

Los aceites vegetales, por ejemplo, destacan por su versatilidad y eficacia. Extraídos de plantas, semillas y frutos, son ricos en ácidos grasos, vitaminas y antioxidantes, convirtiéndose en aliados indispensables para nutrir y proteger la piel y el cabello. El aceite de coco, con su composición rica en ácido láurico, ofrece propiedades antibacterianas y antifúngicas, siendo ideal para hidratar y suavizar pieles secas y sensibles. Su uso va más allá de la piel, funcionando como aceite de masaje, desmaquillante e hidratante capilar. El aceite de argán, a su vez, es un tesoro originario de Marruecos, conocido por sus propiedades regeneradoras y antiedad, siendo indicado para pieles maduras y cabellos debilitados, a los que confiere brillo y fuerza.

El aceite de rosa mosqueta es ampliamente utilizado para tratar cicatrices, manchas y estrías, gracias a su concentración de vitamina C y ácidos grasos esenciales. No solo regenera la piel, sino que también previene el envejecimiento prematuro. El aceite de jojoba, con su textura ligera y composición similar al sebo humano, es perfecto para todo tipo de piel, especialmente las grasas y acneicas, proporcionando hidratación sin obstruir los poros. Por último, el aceite de almendras dulces, rico en vitamina E, ofrece propiedades emolientes y calmantes, siendo indicado para pieles sensibles y delicadas, además de ser un excelente aceite para masajes.

Las mantecas vegetales, con su textura densa y propiedades nutritivas, ofrecen cuidados intensivos para pieles resecas y cabellos dañados. La manteca de karité, rica en vitaminas A, E y F, hidrata profundamente, regenera y cicatriza, siendo especialmente eficaz para tratar grietas y asperezas. La manteca de cacao, con sus propiedades antioxidantes, previene la resequedad de la piel, mejora la elasticidad y protege contra los daños de los radicales libres. La manteca de mango, a su vez, combina hidratación y acción antioxidante, siendo ideal para prevenir el envejecimiento prematuro y promover la elasticidad de la piel.

Otro grupo de ingredientes valiosos son las arcillas, minerales naturales que limpian, purifican y remineralizan la piel. La arcilla verde, rica en silicio, aluminio y magnesio, es la elección ideal para pieles grasas y acneicas, ayudando a controlar la oleosidad y tratar el acné. La arcilla blanca, con sus propiedades aclarantes y suavizantes, es perfecta para pieles sensibles y con manchas, promoviendo una apariencia uniforme e hidratada. La arcilla rosa, una mezcla de las arcillas blanca y roja, combina suavidad y acción cicatrizante, siendo indicada para pieles delicadas y con rosácea, pues calma y revitaliza.

Los hidrolatos, también conocidos como aguas florales, son una forma suave y aromática de beneficiar la piel. Obtenidos durante la destilación de plantas aromáticas, poseen propiedades terapéuticas específicas. El hidrolato de lavanda, con su acción calmante y cicatrizante, es ideal para pieles sensibles y acneicas, reduciendo irritaciones y auxiliando en la regeneración de la piel. El hidrolato de rosa, rico en propiedades hidratantes y regeneradoras, es un tónico natural para pieles secas y maduras, promoviendo luminosidad y revitalización. El hidrolato de manzanilla es un aliado para pieles irritadas y con alergias, calmando, suavizando y promoviendo la cicatrización.

Los extractos vegetales, concentrados en principios activos, ofrecen soluciones específicas para diferentes necesidades. El extracto de aloe vera hidrata profundamente, calma irritaciones y auxilia en la cicatrización, siendo ideal para pieles sensibles y acneicas. El extracto de caléndula es un poderoso cicatrizante y antiinflamatorio, indicado para pieles con heridas, dermatitis o irritaciones. El extracto de manzanilla, con su acción antialérgica y calmante, es perfecto para aliviar enrojecimiento y picazón, proporcionando confort inmediato.

Por último, los aceites esenciales son los protagonistas de la aromaterapia y la cosmética natural, ofreciendo beneficios potentes en bajas concentraciones. El aceite esencial de lavanda, con sus propiedades calmantes y relajantes, es uno de los más versátiles, pudiendo ser usado para calmar la piel, aliviar tensiones y promover el bienestar general.

Estos ingredientes naturales, además de promover resultados visibles en la piel y el cabello, conectan al usuario con la sabiduría ancestral de la naturaleza y el respeto por el medio ambiente. Incorporarlos al día a día es una invitación a transformar el cuidado personal en un ritual de autocuidado consciente, donde funcionalidad, sostenibilidad y bienestar se encuentran.

Los ingredientes naturales, con su rica diversidad, se revelan como aliados poderosos no solo para el cuidado externo, sino también para la conexión con la esencia y los ritmos naturales del cuerpo. Al utilizarlos, entramos en un universo de posibilidades donde cada elemento lleva en sí la sabiduría de la tierra, permitiendo que el cuidado personal se transforme en un momento de introspección y armonía. Más que tratar la piel o el cabello, estos ingredientes nos invitan a adoptar prácticas conscientes que reflejan una reverencia por la naturaleza y un compromiso con el equilibrio entre el hombre y el medio ambiente.

Este cuidado va más allá de resultados visibles, incentivando una relación más profunda con el propio cuerpo y con el planeta. Elegir ingredientes naturales es optar por un camino que valora la sostenibilidad y la tradición, sin renunciar a la eficacia. Cada aceite, manteca, arcilla o extracto utilizado lleva una historia de uso ancestral que resiste al tiempo, trayendo beneficios comprobados y respetando la singularidad de cada individuo. Así, el acto de cuidarse se convierte también en una celebración de la herencia natural y cultural que nos conecta al pasado y al futuro.

Al integrar ingredientes naturales en la rutina, descubrimos que el autocuidado es más que un hábito: es un ritual que alimenta tanto la piel como el alma. La transformación que estos elementos proporcionan trasciende la apariencia, promoviendo una sensación de bienestar global. En este proceso, recordamos que la verdadera belleza está enraizada en elecciones conscientes, en el respeto por la naturaleza y en la autenticidad de cada gesto, creando un ciclo de equilibrio y plenitud.

Capítulo 3
Preparación y Conservación

Preparar cosméticos naturales es un acto que combina creatividad, conocimiento y autocuidado, proporcionando un nivel de control y personalización que difícilmente se puede alcanzar con productos comerciales. Más que una práctica artesanal, esta experiencia permite la conexión con los ingredientes puros de la naturaleza y el desarrollo de fórmulas adaptadas a tus necesidades específicas. La elección de cada elemento, ya sea un aceite vegetal rico en nutrientes, una manteca profundamente hidratante o una infusión de hierbas con propiedades terapéuticas, refleja un compromiso con la salud de la piel y del cuerpo, además de un respeto por la sostenibilidad y la simplicidad.

El proceso de preparación exige no solo atención a los ingredientes, sino también cuidado con el espacio y los utensilios utilizados. Un ambiente limpio y organizado es esencial para evitar contaminaciones y garantizar la calidad del producto final. Además, la precisión es fundamental en la cosmética natural. Cada medida exacta contribuye al equilibrio de la formulación, mientras que el uso de utensilios adecuados, como balanzas de precisión, recipientes de vidrio o acero inoxidable y frascos de almacenamiento, asegura que el producto sea seguro y eficaz. Esta atención a los detalles transforma la práctica en un ritual casi meditativo, que valora cada etapa del proceso.

La conservación es otro punto crucial para el éxito de la cosmética natural. Al estar exentos de conservantes sintéticos, los productos caseros tienen una vida útil más corta, lo que exige técnicas cuidadosas para prolongar su durabilidad. El uso de envases de vidrio oscuro, el almacenamiento en lugares frescos y la adición de conservantes naturales, como la vitamina E y extractos vegetales, son medidas que ayudan a preservar la calidad de los cosméticos. Al mismo tiempo, controlar la fecha de caducidad y observar alteraciones en la apariencia o el aroma de los productos son hábitos importantes para garantizar su seguridad. Estos cuidados, además de prolongar la vida útil de las formulaciones, refuerzan la idea de que la cosmética natural no es solo una alternativa de belleza, sino también un camino hacia prácticas más conscientes y alineadas con la naturaleza.

Preparar cosméticos naturales es una experiencia enriquecedora que une creatividad, cuidado y respeto por la naturaleza. Este proceso no solo posibilita la creación de productos personalizados, sino que también promueve una conexión única con los elementos puros de la tierra. Sin embargo, para alcanzar resultados seguros y eficaces, es esencial dedicar atención al espacio de trabajo, a los utensilios utilizados, a las técnicas de preparación y a la conservación de los productos, garantizando que cada etapa se realice con cuidado y precisión.

Antes de comenzar, organiza el ambiente en el que vas a trabajar. Elige un lugar limpio, iluminado y bien ventilado, preferiblemente alejado de fuentes de contaminación. Asegúrate de que todos los utensilios, ingredientes y envases estén a disposición, minimizando interrupciones durante la preparación. La limpieza del espacio y la organización de los materiales no son solo detalles; son pasos fundamentales para la seguridad y calidad de los cosméticos producidos.

Algunos utensilios son indispensables para la práctica. Una balanza de precisión es esencial para medir ingredientes, especialmente los aceites esenciales, que exigen dosis exactas. Vasos medidores y cucharas son útiles para medir líquidos y sólidos, mientras que espátulas y recipientes de vidrio o acero inoxidable son ideales para mezclar los componentes. Evita el uso de plásticos, ya que pueden reaccionar con ingredientes naturales. Para calentar ingredientes, como mantecas y ceras, prefiere ollas esmaltadas o de acero inoxidable al baño maría. Los envases de vidrio oscuro, a su vez, protegen los cosméticos de la luz, preservando sus propiedades. No olvides etiquetar cada producto con el nombre, fecha de elaboración y caducidad.

La higiene es uno de los pilares en la producción de cosméticos naturales. Lávate las manos con cuidado y desinfecta los utensilios y superficies con alcohol al 70%. Para eliminar microorganismos, esteriliza los artículos que tendrán contacto directo con los productos finales. Esto se puede hacer hirviendo los utensilios en agua durante 15 minutos o utilizando un esterilizador de vapor. Se recomienda el uso de guantes desechables, especialmente al manipular aceites esenciales o ingredientes que puedan causar irritación. Las mascarillas también son útiles para evitar la inhalación de partículas finas durante la preparación.

La precisión en la medición de los ingredientes es crucial. Familiarízate con las conversiones más comunes, como 1 cucharada (15 ml), 1 cucharadita (5 ml) y 1 gota de aceite esencial (aproximadamente 0,05 ml). Seguir las proporciones indicadas en las recetas garantiza que el producto final sea equilibrado y seguro.

Las técnicas de preparación varían según la formulación. Una de las más comunes es la mezcla simple, donde los ingredientes se combinan y se homogeneizan. El calentamiento al baño maría se utiliza para derretir mantecas y ceras, garantizando una incorporación uniforme. La infusión y la maceración son métodos eficaces para extraer los principios activos de las plantas, ya sea utilizando líquidos calientes o fríos. Estos procesos requieren paciencia y precisión, pero el resultado es un producto rico en propiedades terapéuticas.

La conservación de los cosméticos naturales es un desafío que exige atención especial. Al estar libres de conservantes sintéticos, estos productos tienen una vida útil menor. Utiliza frascos de vidrio oscuro para protegerlos de la luz y almacénalos en lugares frescos y secos, lejos de la humedad del baño, que puede favorecer la proliferación de microorganismos. Algunos cosméticos, como cremas y mascarillas, se pueden guardar en el refrigerador para prolongar su durabilidad. La inclusión de conservantes naturales, como la vitamina E, el aceite esencial de árbol de té o el extracto de semilla de pomelo, también ayuda a extender la vida útil de los productos.

Es esencial controlar las fechas de elaboración y caducidad de cada cosmético, anotando esta información en las etiquetas. Observa los productos con regularidad y desecha aquellos que presenten alteraciones de color, olor o textura, ya que esto puede indicar deterioro.

Por último, adoptar buenas prácticas de fabricación eleva la calidad y seguridad de tu trabajo. Usa ingredientes frescos y de calidad, sigue rigurosamente las medidas de las recetas y mantén la higiene del espacio y de los utensilios. Preparar cosméticos naturales es un proceso de aprendizaje continuo, lleno de experimentación y descubrimientos.

Con estas orientaciones, podrás crear cosméticos naturales que no solo cuidan tu piel y cabello, sino que también reflejan tu compromiso con el bienestar y la sostenibilidad. Transforma este acto en un momento de autocuidado y celebración, explorando las infinitas posibilidades que los ingredientes de la naturaleza tienen para ofrecer.

Preparar y conservar cosméticos naturales es, sobre todo, una práctica que exige paciencia, dedicación y una mirada atenta a los detalles. Cada etapa del proceso, desde la elección de los ingredientes hasta el almacenamiento final, lleva en sí la oportunidad de crear productos que van más allá de lo funcional, transformándose en verdaderas extensiones del cuidado personal y de la conexión con la naturaleza. Con el tiempo, el aprendizaje se amplía, permitiendo mayor creatividad y refinamiento en las formulaciones, siempre en armonía con los principios de sostenibilidad y respeto al medio ambiente.

Además, esta práctica incentiva una relación más íntima con el propio cuerpo y sus necesidades, ya que cada receta se puede ajustar para atender a las especificidades individuales. La búsqueda de ingredientes frescos y de calidad no solo asegura resultados eficaces, sino que también refuerza la importancia de elecciones conscientes en un mundo donde el consumo sostenible se vuelve cada vez más esencial. Este compromiso con la calidad y el respeto al planeta transforma la preparación de los cosméticos en un ritual significativo y profundamente satisfactorio.

La belleza de la preparación y la conservación de cosméticos naturales reside en su simplicidad y en el propósito mayor que representa. No se trata solo de fabricar productos para uso diario, sino de cultivar una mentalidad de autocuidado que valora la naturaleza y su impacto en nuestras vidas. Cada creación es un reflejo de esta filosofía, una celebración de equilibrio, cuidado y creatividad que resuena mucho más allá de los resultados inmediatos, contribuyendo a un estilo de vida más pleno y consciente.

Capítulo 4
Piel: Tipos y Necesidades

La piel es un reflejo visible del equilibrio interno y un sistema vital de protección y comunicación entre el cuerpo y el ambiente. Más que una simple barrera, desempeña papeles fundamentales que van desde la termorregulación hasta la respuesta inmune, y su salud es un indicador directo del bienestar general. Comprender las nuances de la piel, como sus capas y tipos, es esencial para atender a sus demandas específicas y mantener su funcionalidad. Al mismo tiempo, cuidar la piel implica más que la simple aplicación de productos; es un compromiso con prácticas conscientes que valoran la nutrición, la protección y la regeneración, elementos que la cosmética natural puede ofrecer con excelencia.

Cada capa de la piel desempeña una función interconectada y crucial. La epidermis protege al organismo contra agentes externos y minimiza la pérdida de agua, mientras que la dermis, rica en colágeno y elastina, proporciona sustentación y elasticidad, haciéndola esencial en la prevención de signos de envejecimiento. Por su parte, la hipodermis funciona como reserva de energía y aislante térmico.

Entender cómo estas capas interactúan permite abordar las necesidades de la piel de manera holística, promoviendo tanto la salud como la belleza. Así, el cuidado diario debe ser pensado para preservar esta estructura compleja, priorizando el equilibrio entre hidratación, nutrición y defensa contra agresiones externas.

Las particularidades de cada tipo de piel resaltan la importancia de una aproximación personalizada, que reconozca las diferencias individuales y las integre a una rutina eficaz. Una piel seca, por ejemplo, demanda hidratación profunda y reposición lipídica, mientras que la piel grasa requiere control de sebo y purificación. Para pieles mixtas, el desafío es equilibrar zonas con necesidades distintas, al paso que las pieles sensibles necesitan de atención redoblada e ingredientes calmantes. En este contexto, la cosmética natural se destaca al ofrecer ingredientes que trabajan en sinergia con la biología de la piel, como aceites vegetales, arcillas e hidrolatos, que atienden a estas demandas de forma gentil y eficaz. De esta manera, el cuidado de la piel se convierte en una jornada de autoconocimiento y conexión con la naturaleza, reflejando salud y vitalidad en cada detalle.

La piel es un órgano complejo, cuya salud refleja el equilibrio general del cuerpo. Más que una barrera protectora, desempeña funciones cruciales como regulación térmica, percepción sensorial y respuesta inmunológica. Entender su estructura y necesidades específicas es el primer paso para desarrollar cuidados que promuevan no apenas belleza, sino también salud integral. La cosmética natural, con su enfoque holístico, ofrece soluciones eficaces que trabajan en sinergia con la biología de la piel, respetando su equilibrio y apoyando sus funciones naturales.

La piel está compuesta por tres capas principales, cada una con papeles interconectados. La epidermis, capa más externa, actúa como escudo contra agentes externos, minimizando la pérdida de agua y protegiendo contra daños ambientales. Su estructura incluye queratinocitos, que producen queratina, y melanocitos, que generan melanina, confiriendo color y protección contra rayos solares. Debajo, la dermis ofrece soporte y elasticidad a la piel, gracias a la presencia de fibras de colágeno y elastina. Esta capa también alberga vasos sanguíneos, glándulas y terminaciones nerviosas, desempeñando un papel esencial en la hidratación y en la reparación de tejidos. Por último, la hipodermis, formada principalmente por tejido adiposo, funciona como aislante térmico y reserva de energía, además de proteger estructuras más profundas.

Comprender los tipos de piel es esencial para ofrecer cuidados adecuados y eficaces. Clasificados de acuerdo con la producción de sebo, los principales tipos son normal, seca, grasa, mixta y sensible. La piel normal es equilibrada, con textura suave, elasticidad y viço natural. En cambio, la piel seca presenta baja producción de sebo, lo que resulta en descamación, sensación de tirantez y mayor sensibilidad. La piel grasa, en contraste, produce sebo en exceso, caracterizándose por brillo intenso, poros dilatados y tendencia al acné. La piel mixta combina características de piel seca y grasa, con la zona T (frente, nariz y barbilla) más grasa y las mejillas más secas. Por último, la piel sensible es reactiva a estímulos externos, presentando enrojecimiento, picazón e irritaciones.

Para identificar tu tipo de piel, un método práctico es el test del pañuelo de papel. Después de lavar el rostro con un jabón neutro, sécalo suavemente y espera cerca de una hora. Presiona un pañuelo de papel en las diferentes áreas del rostro. Si el pañuelo no presenta oleosidad, la piel es seca. Si hay oleosidad en la zona T, se trata de piel mixta. La oleosidad generalizada indica piel grasa.

Cada tipo de piel posee necesidades específicas que deben guiar la elección de productos y la elaboración de rutinas de cuidados. La piel normal requiere mantenimiento de la hidratación y protección, con productos suaves y no comedogénicos. La piel seca necesita de hidratación intensa y reposición lipídica, utilizando fórmulas ricas en emolientes y humectantes, mientras que la piel grasa demanda control de sebo, purificación y prevención del acné, con productos oil-free y astringentes. Para la piel mixta, el desafío es equilibrar las necesidades distintas de las diferentes áreas del rostro, mientras que la piel sensible exige atención especial, con productos hipoalergénicos y calmantes.

La cosmética natural ofrece una amplia gama de ingredientes adaptados a cada tipo de piel. Aceites vegetales, mantecas, arcillas, hidrolatos y extractos son combinados para atender estas necesidades de forma eficaz y gentil. Para la piel normal, ingredientes como el aceite de jojoba, el aceite de coco y el hidrolato de lavanda son ideales. La piel seca se beneficia de la manteca de karité, el aceite de argán y el hidrolato de rosa, mientras que la piel grasa encuentra equilibrio con la arcilla verde, el aceite esencial de melaleuca y el extracto de té verde. La piel mixta puede ser tratada con arcilla blanca, hidrolato de geranio y extracto de camomila, y la piel sensible se calma con arcilla rosa, aceite de caléndula e hidrolato de camomila.

Una rutina básica de cuidados es esencial para cualquier tipo de piel. Inicia con la limpieza, removiendo impurezas, maquillaje y exceso de oleosidad. La exfoliación, realizada una o dos veces por semana, ayuda a eliminar células muertas y a estimular la renovación celular. La tonificación es un paso importante para equilibrar el pH de la piel y prepararla para los próximos productos. En seguida, la hidratación repone agua y nutrientes, manteniendo la piel suave y protegida. Por último, la protección solar es indispensable para prevenir el envejecimiento precoz, manchas y el riesgo de cáncer de piel.

Con estas prácticas y la comprensión de las particularidades de la piel, es posible crear una rutina de cuidados personalizada que promueva salud, equilibrio y belleza. Al optar por ingredientes naturales, no solo cuidas la piel, sino también te conectas a un enfoque sostenible y consciente, transformando el cuidado diario en un momento de autoconocimiento y bienestar.

La piel, en su complejidad, revela no apenas el estado interno del organismo, sino también la influencia de factores externos, como la contaminación, la radiación solar y el estrés. Por eso, cuidarla exige un enfoque dinámico e integrado, que considere los cambios a lo largo del tiempo y las respuestas a diferentes estímulos. El conocimiento sobre los tipos de piel y sus necesidades específicas permite crear estrategias que no apenas resuelven problemas inmediatos, sino también previenen desequilibrios futuros, promoviendo una belleza duradera y saludable.

La elección consciente de productos y rutinas adecuadas es fundamental para respetar la singularidad de cada piel. Optar por ingredientes naturales no apenas reduce el riesgo de irritaciones y alergias, sino también fortalece la piel al trabajar en armonía con sus funciones biológicas. Este cuidado integrado, que alia ciencia y naturaleza, refleja una forma más gentil y eficaz de promover la salud cutánea, garantizando resultados visibles y una sensación de bienestar que va más allá de la superficie.

Cuidar la piel es un gesto de autocuidado que nos invita a desacelerar y observar nuestras necesidades reales. En este proceso, la cosmética natural actúa como una aliada poderosa, rescatando la sabiduría ancestral y combinándola con los avances contemporáneos. Al incorporar prácticas conscientes e ingredientes puros, transformamos la rutina diaria en un ritual de celebración de la conexión entre cuerpo, mente y naturaleza, reflejando la esencia de un equilibrio que transciende lo físico.

Capítulo 5
Cabellos: Tipos y Cuidados

El cabello, además de componer la identidad visual y expresar personalidad, desempeña funciones protectoras importantes para el cuero cabelludo. Su estructura y apariencia reflejan tanto la salud general del cuerpo como los cuidados dirigidos a él. La belleza y la vitalidad del cabello no dependen solo de factores genéticos, sino también de prácticas conscientes y adecuadas a sus características individuales. Comprender la estructura del cabello y sus diferentes curvaturas es fundamental para adoptar una rutina que respete sus necesidades y promueva equilibrio, fuerza y brillo naturales. En este contexto, la cosmética natural surge como un enfoque eficaz y sostenible, permitiendo cuidar el cabello con ingredientes que nutren y protegen de forma genuina.

La estructura capilar, formada por capas interdependientes, exige atención para mantener su integridad. La cutícula, capa externa compuesta por escamas sobrepuestas, protege el córtex y es responsable del brillo y resistencia del cabello. Cuando está sana, la cutícula refleja la luz, confiriendo al cabello una apariencia luminosa y vibrante. El córtex, ubicado debajo de la cutícula, confiere fuerza y elasticidad al cabello, además de determinar su color a través de la melanina. Por último, la médula, cuando está presente, contribuye a la densidad y el aislamiento térmico del cabello. Cuidar estas capas con ingredientes naturales garantiza el mantenimiento de estas funciones y protege el cabello de daños causados por agentes externos.

Cada tipo de cabello – liso, ondulado, rizado o crespo – posee sus propias características y desafíos, que pueden ser agravados por factores como la exposición al sol, el uso de productos inadecuados, alteraciones hormonales y hábitos alimentarios. Mientras que el cabello liso puede ser más propenso a la oleosidad, el cabello rizado y crespo frecuentemente enfrenta resequedad debido a la dificultad del sebo natural en alcanzar toda la extensión del cabello. La elección de aceites vegetales, mantecas y extractos adecuados a cada tipo de cabello es esencial para suplir estas demandas. Ingredientes como el aceite de coco para nutrición profunda, la manteca de karité para hidratación intensa y el extracto de aloe vera para revitalización son ejemplos de aliados naturales que proporcionan resultados notables sin los efectos nocivos de sustancias químicas.

Adoptar una rutina personalizada, que combine limpieza suave, hidratación regular, nutrición y protección, es esencial para preservar la salud del cabello. Productos naturales, como champús libres de sulfatos, mascarillas hidratantes hechas con frutas y aceites esenciales para finalización, transforman el cuidado capilar en una experiencia enriquecedora y sostenible. Además, prácticas simples como evitar el uso excesivo de herramientas térmicas, enjuagar el cabello con agua a temperatura templada y respetar la frecuencia ideal de lavado contribuyen a la longevidad y belleza del cabello. Así, al aliar la sabiduría de la naturaleza con hábitos conscientes, es posible alcanzar un cabello saludable, vibrante y repleto de vida.

El cabello es más que un elemento de expresión personal; desempeña funciones protectoras importantes y refleja la salud y el bienestar general del cuerpo. Su estructura compleja y las diferencias entre los tipos de cabello exigen cuidados específicos que consideren tanto sus características naturales como los factores externos que los afectan. La cosmética natural, con sus ingredientes puros y técnicas sostenibles, ofrece soluciones eficaces para cuidar el cabello mientras promueve equilibrio y salud.

La estructura del cabello está compuesta por dos partes principales. El folículo capilar, ubicado en la dermis, es donde el cabello se forma y crece. Alberga células que producen queratina, la proteína estructural que confiere fuerza y resiliencia al cabello. La haste capilar, la parte visible del cabello, está compuesta por tres capas. La cutícula, capa externa formada por escamas sobrepuestas, protege el córtex y determina el brillo y la resistencia del cabello. El córtex, capa intermedia, es responsable de la elasticidad, fuerza y color, siendo rico en melanina, el pigmento natural del cabello. La médula, presente en algunos tipos de cabello, es menos comprendida, pero se cree que contribuye a la densidad y al aislamiento térmico.

Los tipos de cabello se clasifican de acuerdo con su curvatura, lo que influye directamente en sus necesidades y desafíos. El cabello liso (tipo 1) tiene hebras rectas y tiende a ser graso en la raíz, pero seco en las puntas, debido a la facilidad con la que el sebo natural recorre su extensión. El cabello ondulado (tipo 2) forma ondas en "S" y puede presentar frizz y resequedad en las puntas. El cabello rizado (tipo 3) tiene rizos en espiral, que tienden a ser más secos debido a la dificultad del sebo natural en alcanzar las puntas, y generalmente presentan frizz. El cabello crespo (tipo 4) posee rizos muy cerrados o textura crespa, siendo extremadamente seco y más frágil, con gran necesidad de hidratación, nutrición y reconstrucción.

Para cada tipo de cabello, existen cuidados específicos que atienden sus necesidades particulares. El cabello liso exige control de la oleosidad en la raíz e hidratación de las puntas, con productos ligeros que no lo apelmacen. El cabello ondulado necesita control del frizz e hidratación para la definición de las ondas. El cabello rizado demanda hidratación profunda, nutrición y productos que definan los rizos, reduciendo el frizz. El cabello crespo, a su vez, requiere hidratación intensiva, nutrición frecuente y protección contra la resequedad, además de reconstrucciones regulares para fortalecer las hebras.

Además de las características naturales del cabello, otros factores influyen en su salud, como la genética, la alimentación, las alteraciones hormonales y los niveles de estrés. Hábitos inadecuados, como lavar el cabello con agua muy caliente, usar productos agresivos o sujetar el cabello mojado, también pueden causar daños significativos. Es fundamental alinear prácticas saludables a la elección de productos naturales y adecuados para preservar la integridad capilar.

La cosmética natural ofrece un arsenal de ingredientes poderosos para cuidar el cabello de forma eficaz y sostenible. Aceites vegetales, como los de coco, argán, ricino, jojoba y aguacate, son ricos en nutrientes y ayudan a nutrir y fortalecer el cabello. Mantecas vegetales, como karité, cacao y cupuaçu, proporcionan hidratación intensa y protección contra la resequedad. Extractos de plantas, como aloe vera, camomila y romero, revitalizan y estimulan el crecimiento saludable. Otros ingredientes naturales, como miel, aguacate, plátano y vinagre de manzana, son versátiles y eficaces en tratamientos caseros.

Una rutina básica de cuidados capilares debe ser personalizada para atender a las necesidades específicas de cada tipo de cabello. El lavado, por ejemplo, debe ser realizado con champús naturales adecuados, masajeando suavemente el cuero cabelludo para estimular la circulación y remover impurezas. El acondicionamiento es esencial para hidratar y sellar las cutículas, facilitando el desenredar el cabello. Las mascarillas capilares naturales, usadas semanalmente, ofrecen hidratación y nutrición profundas, restaurando la vitalidad del cabello. La finalización con aceites o cremas naturales ayuda a proteger el cabello, controlar el frizz y modelar el peinado.

Prácticas simples también hacen la diferencia en la salud capilar. Evitar herramientas térmicas o usarlas con moderación y protección adecuada, enjuagar el cabello con agua tibia o fría y respetar la frecuencia ideal de lavado son hábitos que ayudan a preservar la fuerza y el brillo del cabello. Al incorporar ingredientes naturales y adoptar un enfoque consciente, es posible transformar el cuidado capilar en un momento de conexión consigo mismo y con la naturaleza.

Comprender el tipo y las necesidades de tu cabello es el primer paso para desarrollar una rutina eficaz que promueva salud, belleza y sostenibilidad. La cosmética natural, con su riqueza de posibilidades, ofrece los medios para nutrir el cabello de manera equilibrada y saludable, reflejando la vitalidad y la autenticidad de cada individuo.

El cabello, en su diversidad y belleza, revela tanto nuestra individualidad como el impacto de las elecciones que hacemos en el cuidado diario. Entender su estructura y necesidades permite abordar los desafíos específicos de cada tipo de cabello, creando rutinas que respeten y celebren su naturaleza. Esta atención personalizada, cuando se alía a la cosmética natural, se transforma en una oportunidad para nutrir el cabello con ingredientes que no solo atienden a sus exigencias, sino que también promueven la sostenibilidad y el bienestar.

Además de la aplicación de productos adecuados, es esencial cultivar hábitos que preserven la integridad del cabello. Pequeños cambios, como ajustar la temperatura del agua durante el lavado, proteger el cabello del calor de herramientas y adoptar una alimentación equilibrada, tienen un impacto significativo en la salud capilar. Estos cuidados diarios complementan el uso de ingredientes naturales, como aceites vegetales y extractos de plantas, que ofrecen beneficios profundos y duraderos, mientras respetan el medio ambiente.

Cuidar el cabello es un gesto que va más allá de la estética; es una forma de conexión consigo mismo y con el mundo natural. Al integrar prácticas conscientes e ingredientes puros a la rutina capilar, transformamos este cuidado en un momento de reconexión y celebración de nuestra esencia. Así, cada hebra saludable y vibrante se convierte en un reflejo de elecciones alineadas a la armonía entre cuerpo, mente y naturaleza.

Capítulo 6
Prueba de Sensibilidad

La adopción de cosméticos naturales es una elección cada vez más popular entre quienes buscan un cuidado personal alineado con prácticas más saludables y sostenibles. Sin embargo, esta tendencia exige una mirada atenta y criteriosa, ya que no todos los productos naturales están exentos de riesgos. Los ingredientes derivados de la naturaleza, como los aceites esenciales y los extractos vegetales, pueden desencadenar reacciones adversas, especialmente en personas con piel sensible o predisposición a las alergias. La idea de que "natural" es sinónimo de "seguro" debe abordarse con cautela, considerando las particularidades individuales de cada organismo y las interacciones específicas que pueden ocurrir entre la piel y los componentes cosméticos.

La realización de la prueba de sensibilidad es una etapa crucial para evitar molestias y complicaciones potencialmente graves. Este procedimiento no se limita a la prevención de reacciones alérgicas; también sirve como una práctica preventiva para establecer una relación más segura con los productos aplicados a la piel. La simplicidad de la prueba no disminuye su importancia: se trata de una forma eficaz de evaluar cómo la piel reacciona a sustancias específicas, identificando posibles irritaciones o sensibilidades antes de que el producto sea usado en áreas más extensas del cuerpo. Además, esta etapa ayuda a construir una rutina de cuidados más consciente, respetando las necesidades únicas de cada persona.

Es esencial comprender que la piel, como el mayor órgano del cuerpo humano, desempeña un papel fundamental en la protección contra agentes externos. Sin embargo, su vulnerabilidad a irritaciones y alergias refuerza la importancia de tomar medidas preventivas, especialmente en contextos que involucran la aplicación de nuevos productos. Una prueba de sensibilidad bien ejecutada refleja no solo el cuidado con la salud, sino también la valoración del bienestar y la confianza al explorar el universo de la cosmética natural. De esta forma, se hace posible disfrutar plenamente de los beneficios ofrecidos por los productos, sin comprometer la seguridad o la integridad de la piel.

Antes de utilizar cualquier producto cosmético, ya sea natural o industrializado, es indispensable realizar una prueba de sensibilidad, un procedimiento que puede evitar reacciones alérgicas indeseadas y garantizar el uso seguro y tranquilo de los productos. Esta prueba, además de simple y rápida, es una práctica esencial para cualquier rutina de cuidado de la piel. Es especialmente recomendada para quienes tienen piel sensible o historial de alergias, siendo capaz de identificar potenciales irritantes antes de que afecten áreas más extensas del cuerpo.

El objetivo principal de la prueba de sensibilidad es determinar si su piel reacciona de manera adversa a los ingredientes presentes en el cosmético elegido. Esto incluye incluso los componentes naturales, como aceites esenciales, extractos vegetales y arcillas, que, aunque naturales, pueden causar reacciones dependiendo de la sensibilidad individual. Enrojecimiento, picazón, ardor, hinchazón, erupciones cutáneas, descamación y resequedad están entre los síntomas más comunes de una reacción alérgica. En casos extremos, puede haber hinchazón generalizada, dificultad para respirar o incluso shock anafiláctico, lo que refuerza aún más la necesidad de prevenir estos riesgos con una prueba simple.

Para realizar la prueba de sensibilidad, siga los siguientes pasos con atención. Primero, elija un área pequeña y discreta del cuerpo, como la parte interna del antebrazo o detrás de la oreja. Esta ubicación debe ser de fácil observación y poco expuesta a roces u otros agentes externos que puedan interferir en la prueba. Luego, lave el área elegida con agua y jabón neutro, secándola suavemente para garantizar que la piel esté limpia y libre de cualquier residuo que pueda interferir en la evaluación.

Con la piel preparada, aplique una pequeña cantidad del producto en el área elegida. Masajee ligeramente para asegurar que el producto entre en contacto directo con la piel. Este contacto debe mantenerse por un período de 24 a 48 horas, durante el cual es fundamental evitar lavar o frotar el área. Esta espera es crucial para permitir que cualquier reacción, incluso sutil, tenga tiempo suficiente para manifestarse.

Al término del período de observación, examine el área cuidadosamente. La ausencia de reacciones visibles, como enrojecimiento, picazón, ardor, hinchazón o cualquier otra anomalía, indica una prueba negativa, permitiendo el uso seguro del producto. Por otro lado, si hay cualquier señal de irritación, la prueba se considera positiva, y el producto no debe ser utilizado. En este caso, lave el área inmediatamente con agua y jabón neutro y, si los síntomas persisten o se agravan, busque orientación médica o de un dermatólogo.

La realización de la prueba debe ir acompañada de algunas prácticas adicionales para garantizar mayor seguridad. Cuando una formulación contiene varios ingredientes, es ideal probar cada componente individualmente. Así, en caso de que haya una reacción, es posible identificar exactamente qué sustancia es la responsable. Además, como la sensibilidad de la piel puede cambiar a lo largo del tiempo, es prudente repetir la prueba periódicamente, incluso si un producto ha sido bien tolerado en ocasiones anteriores.

Otro punto de atención son los aceites esenciales, conocidos por su alta concentración y potencial de causar reacciones adversas si se utilizan de forma inadecuada. Siempre deben diluirse en un aceite vegetal antes del uso y someterse a la prueba de sensibilidad. Esta precaución es vital, ya que los aceites esenciales se utilizan con frecuencia en tratamientos cosméticos naturales, pero pueden ser irritantes incluso para pieles que generalmente no presentan sensibilidades.

Por último, las personas con historial de alergias o piel especialmente sensible deben buscar orientación médica antes de introducir nuevos productos en su rutina de cuidados, incluso si son de origen natural. La opinión de un profesional puede ofrecer información valiosa sobre formulaciones seguras e indicar opciones personalizadas, reduciendo aún más el riesgo de reacciones adversas.

Al realizar una prueba de sensibilidad con los debidos cuidados, usted puede aprovechar los beneficios de los cosméticos naturales de forma segura y consciente, garantizando que contribuyan al bienestar y la salud de su piel. Este procedimiento simple es una inversión en seguridad y tranquilidad, promoviendo una relación armoniosa y saludable con los productos que elegimos para cuidar de nosotros mismos.

La integración de la prueba de sensibilidad en una rutina de cuidados es un reflejo del respeto a las particularidades de la piel y del compromiso con la prevención. Al adoptar esta práctica, se crea un camino más seguro y eficaz para explorar los beneficios de los cosméticos, reduciendo los riesgos de experiencias negativas. Más que un simple protocolo, representa una etapa de autoconocimiento, permitiendo que cada persona entienda mejor cómo su piel reacciona a diferentes sustancias, ya sean naturales o sintéticas.

Además, la consciencia sobre los potenciales irritantes encontrados incluso en los ingredientes más inofensivos promueve un abordaje más informado en la elección de productos. La personalización se convierte, entonces, en la clave para la construcción de una rutina de cuidados que no solo respete la salud de la piel, sino que también valore la diversidad de necesidades individuales. Al combinar ciencia y precaución, es posible transformar el acto de cuidar la piel en un momento de conexión con el propio cuerpo.

Con los debidos cuidados, el universo de los cosméticos naturales deja de ser un territorio desconocido para convertirse en una fuente confiable de bienestar. La prueba de sensibilidad no es solo un método preventivo, sino un recordatorio constante de que cada gesto de cuidado comienza con la seguridad y el respeto a nuestras propias características. Así, la búsqueda de una belleza saludable se convierte en un acto genuino de autocuidado y confianza.

Capítulo 7
Limpieza Facial Natural

La limpieza facial es una práctica indispensable para mantener la salud y la vitalidad de la piel, garantizando que esté siempre preparada para enfrentar los desafíos del día a día y para recibir otros tratamientos. Este cuidado va mucho más allá de la estética, desempeñando un papel esencial en la protección y equilibrio de la barrera cutánea. Las impurezas como partículas de contaminación, residuos de maquillaje y exceso de oleosidad, cuando se acumulan, pueden obstruir los poros y desencadenar problemas como acné, irritaciones y envejecimiento prematuro. Por eso, adoptar métodos naturales para la limpieza facial no solo protege la piel, sino que también refleja un compromiso con prácticas más sostenibles y libres de agentes químicos agresivos.

Al optar por alternativas naturales, el respeto al equilibrio de la piel se convierte en prioridad. Ingredientes como aceites vegetales, arcillas y extractos botánicos ofrecen una combinación única de limpieza eficaz y suavidad, ayudando a mantener la hidratación y la integridad de la piel. Cada tipo de piel, ya sea grasa, seca, mixta o sensible, encuentra en estos componentes opciones adecuadas a sus necesidades específicas. Por ejemplo, las propiedades astringentes de arcillas e hidrolatos son ideales para pieles grasas, mientras que las mantecas vegetales e hidrolatos calmantes ofrecen confort y nutrición para pieles secas y sensibles. Este enfoque personalizable refuerza la eficacia de los productos naturales, que no solo limpian, sino que cuidan profundamente la piel.

Incorporar la limpieza facial natural a la rutina diaria es más que una elección funcional; es una oportunidad de transformar este momento en un ritual de autocuidado. Este proceso va más allá de la simple remoción de residuos, convirtiéndose en un momento de conexión con el propio cuerpo y de renovación. Ya sea al preparar una leche limpiadora con aceites nutritivos o al masajear el rostro con un gel refrescante de aloe vera, cada etapa ofrece beneficios que van desde la revitalización celular hasta la mejora de la textura y luminosidad de la piel. Así, la limpieza facial natural no solo contribuye a una apariencia más saludable, sino que también promueve el bienestar integral.

La limpieza facial es un ritual indispensable para mantener la salud y el equilibrio de la piel, proporcionando beneficios que van más allá de la estética. Por la mañana y por la noche, esta práctica garantiza la remoción de impurezas acumuladas, como residuos de maquillaje, contaminación y oleosidad, previniendo problemas como la obstrucción de los poros, el acné y el envejecimiento prematuro. Más que eso, la limpieza promueve la renovación celular, preparando la piel para absorber mejor los nutrientes de otros productos, como hidratantes y sérums, además de equilibrar el pH y mantener la flora bacteriana saludable.

La cosmética natural ofrece alternativas eficaces y suaves, respetando el equilibrio cutáneo y utilizando ingredientes que se adaptan a las necesidades específicas de cada tipo de piel. Leches limpiadoras, jabones naturales, geles refrescantes y aguas micelares son opciones que combinan eficacia con cuidado. Mientras que las leches limpiadoras y las aguas micelares ofrecen hidratación y suavidad, ideales para pieles secas y sensibles, los jabones naturales con arcillas y los geles de limpieza con extractos astringentes son perfectos para pieles grasas y mixtas. Cada elección proporciona un cuidado específico, permitiendo que la piel se mantenga limpia y saludable sin agredir su barrera natural.

El proceso de limpieza facial comienza con la remoción del maquillaje, etapa esencial para evitar la acumulación de residuos en los poros. Productos naturales como el aceite de coco o el agua micelar son opciones eficaces y gentiles para este paso inicial. Con el maquillaje removido, el siguiente paso es humedecer el rostro con agua tibia o fría, lo que ayuda a abrir los poros y facilita la limpieza. El producto elegido se aplica entonces en movimientos circulares suaves, estimulando la circulación y garantizando una limpieza uniforme. Después de la aplicación, el rostro debe ser enjuagado con agua tibia o fría para remover todo el producto, y secado delicadamente con una toalla suave, sin frotar.

Para quienes desean adoptar métodos totalmente naturales, hay recetas simples y eficaces que pueden ser preparadas en casa. La leche limpiadora para piel seca es una opción nutritiva e hidratante. Para prepararla, mezcle 2 cucharadas de aceite vegetal de almendras dulces con 1 cucharada de manteca de karité, 2 cucharadas de hidrolato de rosa y 10 gotas de aceite esencial de lavanda. Almacene la mezcla en un frasco de vidrio oscuro y aplique con las manos o un disco de algodón, masajeando suavemente. La remoción se realiza con agua tibia o fría, dejando la piel suave e hidratada.

Para pieles grasas, un jabón natural con arcilla verde es una elección ideal. Comience derritiendo 100 g de base glicerinada vegetal en baño maría. Agregue 1 cucharada de arcilla verde, 1 cucharada de aceite vegetal de coco y 10 gotas de aceite esencial de árbol de té. Mezcle bien y vierta en un molde de silicona. Después de 24 horas de secado, el jabón estará listo para usar, ofreciendo limpieza profunda sin resecar la piel.

Para quienes tienen piel mixta, un gel de limpieza ligero y refrescante puede ser preparado con ½ taza de gel de aloe vera, 1 cucharada de extracto de hamamelis y 10 gotas de aceite esencial de limón. Mezcle los ingredientes en un recipiente y almacene en un frasco de vidrio oscuro. Durante la aplicación, masajee suavemente el rostro con el gel y enjuague con agua tibia o fría. Este método equilibra la oleosidad de la zona T y mantiene las áreas más secas hidratadas.

Independientemente del tipo de piel, la elección de productos y métodos naturales transforma la rutina de limpieza facial en un momento de autocuidado. Este hábito no solo mantiene la piel limpia y saludable, sino que también promueve el bienestar y una conexión mayor con los cuidados diarios. Al incorporar estas prácticas, usted estará fortaleciendo el equilibrio natural de su piel y aprovechando al máximo los beneficios de un enfoque más sostenible y consciente.

El uso continuo de métodos naturales para la limpieza facial también incentiva una mayor atención al impacto ambiental de las elecciones diarias. Optar por ingredientes biodegradables y envases reciclables refuerza el compromiso con la sostenibilidad, alineando el cuidado personal con la preservación del medio ambiente. Además, la producción casera de productos reduce la dependencia de procesos industriales y contribuye a un estilo de vida más simple y consciente, donde cada elemento utilizado tiene un propósito claro y un respeto por la naturaleza.

A medida que estos rituales se vuelven parte de la rutina, la piel responde no solo con una apariencia más saludable, sino con una sensación general de equilibrio y frescura. La regularidad en la práctica, junto con la atención a las necesidades específicas de cada estación o momento de la vida, asegura que la limpieza sea siempre un acto de armonía con el cuerpo. Este cuidado sensible y adaptable refleja una comprensión más profunda de la conexión entre la piel, el bienestar y el ambiente que nos rodea.

De esta forma, la limpieza facial natural transciende su función básica, convirtiéndose en un vínculo entre el autocuidado y la responsabilidad ambiental. Es una invitación a desacelerar, dedicar tiempo a uno mismo y reconocer el valor de las elecciones conscientes. Cada etapa, desde la selección de los ingredientes hasta el acto de masajear suavemente la piel, simboliza una jornada de renovación y respeto. Así, el ritual diario no solo nutre la piel, sino que también fortalece la relación con el mundo que nos rodea, creando un ciclo continuo de cuidado y equilibrio.

Capítulo 8
Exfoliación Facial

La exfoliación facial desempeña un papel esencial en el mantenimiento de la salud y la apariencia de la piel, actuando como un proceso regenerativo que favorece la renovación celular. Al remover la capa superficial de células muertas que se acumula naturalmente, este cuidado no solo revela una piel más luminosa y uniforme, sino que también previene la aparición de problemas como acné, puntos negros y poros dilatados. Más que un simple paso en una rutina de cuidados, la exfoliación promueve una interacción profunda entre la piel y los productos utilizados, maximizando la absorción de activos y potenciando los beneficios de hidratantes, sérums y otros cosméticos.

Uno de los grandes beneficios de la exfoliación es su capacidad de estimular la circulación sanguínea en la región tratada, contribuyendo a la oxigenación y nutrición de las células cutáneas. Este aumento en el flujo sanguíneo no solo mejora la apariencia inmediata de la piel, confiriéndole un aspecto saludable y vibrante, sino que también actúa a largo plazo, incentivando la producción de colágeno y elastina. Estos componentes estructurales son fundamentales para mantener la firmeza y la elasticidad de la piel, previniendo signos de envejecimiento prematuro, como arrugas y líneas de expresión. Así, la práctica regular de la exfoliación se convierte en una aliada en el cuidado preventivo y rejuvenecedor.

Elegir el método de exfoliación ideal es un aspecto crítico para garantizar los mejores resultados sin comprometer la salud de la piel. Cada tipo de piel presenta sus particularidades y responde de manera diferente a los estímulos proporcionados por los exfoliantes físicos o químicos. Las pieles sensibles, por ejemplo, pueden beneficiarse de ingredientes naturales más suaves, como avena y miel, mientras que las pieles grasas pueden tolerar exfoliaciones más intensas con arcilla o café. Al respetar estas diferencias y adoptar prácticas que armonicen con las necesidades individuales, la exfoliación facial deja de ser un procedimiento aislado y se convierte en una parte integrada de un cuidado holístico y personalizado.

La exfoliación facial es un cuidado esencial para mantener la piel saludable, uniforme y radiante. Elimina la capa superficial de células muertas acumuladas a lo largo del tiempo, revelando una piel más luminosa y renovada. Además, esta práctica promueve la desobstrucción de los poros, previniendo puntos negros y espinillas, y contribuye a un mejor aprovechamiento de los activos presentes en otros productos cosméticos, como hidratantes y sérums, maximizando sus efectos.

Otro beneficio importante de la exfoliación facial es la estimulación de la circulación sanguínea. Durante el proceso, los movimientos de masaje ayudan a aumentar el flujo de oxígeno y nutrientes a las células de la piel, promoviendo un aspecto saludable y vibrante. A largo plazo, esta acción puede contribuir a la producción de colágeno y elastina, proteínas que sustentan la firmeza y elasticidad de la piel, retardando la aparición de signos de envejecimiento, como arrugas y líneas finas.

La elección del método de exfoliación más adecuado es esencial para garantizar resultados eficaces sin perjudicar la salud de la piel. Las pieles sensibles requieren ingredientes naturales y suaves, como avena y miel, mientras que las pieles grasas pueden tolerar exfoliaciones más vigorosas con arcilla y café. Respetar las características individuales de cada tipo de piel es crucial para transformar la exfoliación en un paso seguro e integrado a la rutina de cuidados.

Entre los beneficios de la exfoliación, destaca la renovación celular, que deja la piel más uniforme y joven. La desobstrucción de los poros previene la acumulación de sebo, reduciendo puntos negros y espinillas, mientras que el masaje estimula la circulación, aumentando la oxigenación de la piel. Además, la eliminación de células muertas mejora la absorción de otros productos cosméticos, haciendo que los tratamientos sean más eficaces. También es notable la capacidad de la exfoliación de uniformizar el tono de la piel, contribuyendo a la disminución de manchas y marcas.

Existen dos métodos principales de exfoliación facial: la física y la química. La exfoliación física utiliza partículas sólidas, como semillas y granos, para remover las células muertas por fricción. Es ideal para quienes prefieren un método más natural e inmediato, siendo recomendable la elección de partículas finas para evitar irritaciones. La exfoliación química emplea sustancias como ácidos y enzimas para promover una descamación controlada, ideal para pieles más resistentes o tratamientos específicos.

Para cada tipo de piel, hay un método y frecuencia de exfoliación apropiados. Las pieles normales pueden optar tanto por la exfoliación física como por la química, realizando el procedimiento una o dos veces por semana. Las pieles secas se benefician de exfoliantes físicos suaves o ácidos suaves, como el láctico, aplicados semanalmente o cada quince días. Las pieles grasas pueden tolerar exfoliaciones más frecuentes, dos veces por semana, con partículas más grandes o ácidos más fuertes, como el salicílico. Las pieles sensibles requieren un cuidado especial, con exfoliantes suaves y una frecuencia menor, observando siempre la reacción de la piel.

Preparar exfoliantes faciales naturales en casa es una manera sostenible y personalizada de incluir este cuidado en la rutina. Un exfoliante de avena y miel, ideal para pieles sensibles, se hace con 2 cucharadas de avena en copos finos, 1 cucharada de miel y 1 cucharada de agua. La mezcla debe aplicarse sobre la piel húmeda, masajear suavemente y enjuagar con agua tibia. Para pieles secas, un exfoliante de azúcar y aceite de coco combina 2 cucharadas de azúcar cristal con 1 cucharada de aceite de coco, proporcionando hidratación y renovación.

Las pieles grasas pueden contar con un exfoliante de café y arcilla verde, que une 2 cucharadas de café en polvo, 1 cucharada de arcilla verde y 1 cucharada de agua, ofreciendo una limpieza profunda y control de la oleosidad. Para pieles mixtas, un exfoliante de semilla de uva y yogur es ideal: basta mezclar 2 cucharadas de semilla de uva en polvo con 1 cucharada de yogur natural, creando una pasta nutritiva que equilibra las diferentes áreas del rostro.

Para garantizar una exfoliación eficaz y segura, se deben seguir algunas prácticas. Es importante preparar la piel con una limpieza previa, utilizando productos adecuados al tipo de piel. Durante la aplicación, el exfoliante debe masajearse suavemente, evitando presiones excesivas y la delicada región alrededor de los ojos. Después del procedimiento, enjuague bien con agua tibia o fría, eliminando todos los residuos, y finalice con un hidratante para reponer la hidratación perdida. Como la exfoliación deja la piel más sensible al sol, el uso diario de protector solar es indispensable.

Respetar la frecuencia indicada para cada tipo de piel es esencial para evitar irritaciones y sensibilidades. Incorporar la exfoliación facial de manera adecuada en la rutina proporciona una piel más saludable, uniforme y revitalizada, transformando este cuidado en un valioso aliado para la belleza y el bienestar.

La práctica regular de la exfoliación facial no solo mejora la apariencia de la piel, sino que también promueve un momento de cuidado personal que conecta salud y autoestima. Incorporar esta etapa en la rutina semanal incentiva una mayor atención a las necesidades específicas de la piel, permitiendo ajustes conforme a los cambios estacionales, la edad o el estilo de vida. Esta relación dinámica con el autocuidado fortalece la percepción de que la belleza saludable está intrínsecamente ligada a la escucha del propio cuerpo y al respeto por sus particularidades.

Al optar por exfoliantes naturales o hechos en casa, el ritual adquiere un significado aún más especial, destacando la simplicidad y la eficacia de ingredientes accesibles. Cada aplicación es un recordatorio del potencial transformador de las prácticas sostenibles, donde las elecciones conscientes no solo benefician la piel, sino que también promueven un impacto positivo en el medio ambiente. Así, el momento de la exfoliación se convierte en algo más que un cuidado funcional: se transforma en una celebración del equilibrio entre bienestar y responsabilidad ambiental.

Con la frecuencia adecuada y la elección de métodos que respeten la integridad cutánea, la exfoliación facial refuerza su relevancia como parte esencial de una rutina de cuidados. Simboliza no solo la renovación de la piel, sino también la renovación de un compromiso con la propia salud y vitalidad. Cada movimiento, ingrediente y resultado refleja una inversión continua en belleza consciente, marcando el rostro no solo con luminosidad, sino con la confianza de quien valora el autocuidado de forma holística.

Capítulo 9
Hidratación Facial

Mantener la piel debidamente hidratada es uno de los fundamentos más importantes para preservar su salud y vitalidad. La hidratación no solo promueve una apariencia más joven y radiante, sino que también desempeña un papel crucial en el funcionamiento ideal de la barrera cutánea, que actúa como defensa natural contra las agresiones externas. Factores como la contaminación, las variaciones climáticas y la exposición solar constante pueden comprometer esta protección, resultando en resequedad, irritaciones e incluso aceleración del envejecimiento. Ofrecer a la piel la humedad necesaria ayuda a equilibrar estos desafíos diarios, garantizando que permanezca resistente, suave y uniforme.

La capacidad de la piel de retener agua está directamente ligada a su elasticidad y luminosidad. Cuando está hidratada de forma adecuada, la piel se vuelve más firme y flexible, reduciendo la aparición de arrugas y líneas de expresión. Además, el brillo natural que acompaña a una piel bien hidratada no es solo estético, sino también un indicativo de salud y buena circulación. Al adoptar hidratantes naturales que contengan ingredientes como aloe vera, mantecas vegetales o ácidos hialurónicos de origen vegetal, es posible nutrir la piel de manera eficaz y sostenible, promoviendo una hidratación profunda sin el uso de compuestos sintéticos perjudiciales.

La integración de prácticas de hidratación a la rutina diaria es una inversión valiosa en el cuidado de la piel. Aplicar el hidratante justo después de la limpieza facial y en momentos de necesidad específica maximiza los beneficios del producto, ya que la piel limpia y ligeramente húmeda absorbe mejor los nutrientes y componentes hidratantes. Además, complementando esta rutina con una buena ingestión de agua, se crea una sinergia poderosa que mantiene la piel nutrida de dentro hacia afuera. Al valorar la hidratación como una prioridad, no solo se refuerza la salud de la piel, sino también su capacidad de enfrentar los desafíos externos con más resistencia y resiliencia.

Mantener la piel debidamente hidratada es esencial para preservar su salud, belleza y funcionalidad. La hidratación desempeña un papel vital en la integridad de la barrera cutánea, la primera línea de defensa contra factores externos como la contaminación, microorganismos y la exposición solar. Cuando esta barrera está comprometida, la piel pierde su capacidad de retener agua, volviéndose más vulnerable a la resequedad, irritaciones e incluso al envejecimiento prematuro. Al proporcionar la humedad necesaria, reforzamos su resistencia natural, garantizando una piel suave, flexible y uniforme.

La elasticidad de la piel está directamente ligada al nivel de hidratación. Una piel bien hidratada es más firme y resistente, reduciendo la aparición de arrugas y líneas finas. Además, su capacidad de reflejar la luz de manera uniforme le confiere un brillo natural y saludable, un indicativo de buena circulación y nutrición celular. Adoptar hidratantes naturales a base de ingredientes como aloe vera, mantecas vegetales y ácido hialurónico de origen vegetal no solo nutre la piel profundamente, sino que también elimina la necesidad de compuestos sintéticos, promoviendo un cuidado más sostenible y saludable.

El hábito de hidratar la piel regularmente es indispensable. Aplicar el hidratante después de la limpieza facial, cuando la piel está limpia y ligeramente húmeda, aumenta la absorción de los activos y potencia los beneficios del producto. Además, la hidratación interna, obtenida mediante una buena ingestión de agua, complementa los cuidados externos, creando un equilibrio que mantiene la piel nutrida y preparada para afrontar los desafíos diarios.

La rutina diaria de hidratación facial trae innumerables beneficios. Ayuda a mantener la integridad de la barrera cutánea, previniendo la pérdida de agua y protegiendo contra las agresiones externas. También alivia la resequedad, reduciendo la descamación y la sensación de tirantez. La elasticidad de la piel se mejora, lo que ayuda a prevenir la aparición de signos de envejecimiento. Una piel bien hidratada refleja la luz de manera uniforme, promoviendo una apariencia luminosa y saludable, además de suavizar su textura, haciéndola más suave y uniforme.

Los hidratantes naturales son excelentes aliados para todos los tipos de piel, ofreciendo opciones adaptadas a las necesidades específicas de cada una. Aceites vegetales, como el de coco, argán, jojoba y rosa mosqueta, son ricos en ácidos grasos y antioxidantes, proporcionando hidratación profunda. Mantecas vegetales, como las de karité, cacao y mango, poseen textura cremosa y ofrecen hidratación intensa, siendo ideales para pieles secas y resecas. El aloe vera, con sus propiedades calmantes y cicatrizantes, es perfecto para pieles sensibles, mientras que el ácido hialurónico de origen vegetal atrae y retiene agua, promoviendo hidratación duradera y rellenando líneas de expresión.

Elegir el hidratante correcto depende del tipo de piel. Las pieles normales pueden optar por hidratantes ligeros y fluidos, mientras que las secas se benefician de texturas más cremosas y nutritivas. Las pieles grasas exigen fórmulas oil-free, generalmente en gel o loción, para evitar el exceso de oleosidad. Para pieles mixtas, hidratantes que equilibren las diferentes necesidades de la zona T y de las áreas más secas son ideales. Las pieles sensibles necesitan fórmulas hipoalergénicas, libres de fragancias y colorantes, con ingredientes calmantes como la manzanilla y la caléndula.

Preparar hidratantes naturales en casa es una alternativa práctica y personalizada. Para pieles secas, un hidratante puede hacerse con 1 cucharada de manteca de karité, 1 cucharada de aceite de rosa mosqueta, 1 cucharada de hidrolato de rosa y 5 gotas de aceite esencial de lavanda. Derrite la manteca de karité en baño maría, mezcla los demás ingredientes y almacena en un frasco oscuro. Aplica en el rostro limpio, masajeando suavemente hasta su absorción.

Para pieles grasas, mezcla ½ taza de gel de aloe vera, 1 cucharada de aceite de jojoba y 10 gotas de aceite esencial de árbol de té. Esta combinación hidrata sin apelmazar y ayuda a controlar la oleosidad. Para pieles mixtas, combina 1 cucharada de aceite de jojoba, 1 cucharada de gel de aloe vera y 1 cucharada de hidrolato de geranio. Esta mezcla promueve una hidratación equilibrada y saludable.

Seguir algunas prácticas simples potencia los resultados de la hidratación facial. Siempre limpia la piel antes de aplicar el hidratante, para garantizar que los poros estén libres de impurezas. Aplicar el hidratante en la piel aún húmeda ayuda a retener el agua, mientras que el masaje durante la aplicación estimula la circulación sanguínea. Además, la hidratación interna mediante una buena ingestión de agua es fundamental. Proteger la piel con filtro solar diariamente complementa los cuidados, previniendo la pérdida de agua y los daños causados por los rayos UV.

Al incorporar la hidratación facial en la rutina, estás invirtiendo en una piel más saludable, joven y resistente. Con las elecciones correctas y hábitos consistentes, es posible proporcionar a la piel todo lo que necesita para mantenerse radiante, tersa y bien protegida contra los desafíos del día a día.

Hidratar la piel va más allá de un cuidado estético; es un gesto esencial de preservación y fortalecimiento. Cada aplicación de un buen hidratante actúa como un escudo, protegiendo la piel de las agresiones diarias mientras refuerza su capacidad natural de regeneración. Este cuidado continuo es especialmente relevante en un mundo donde la contaminación y los cambios climáticos desafían constantemente la salud de la piel, exigiendo atención y productos que entreguen más que un efecto superficial.

La personalización es una de las mayores ventajas de la hidratación facial, permitiendo que cada tipo de piel reciba exactamente lo que necesita. Desde fórmulas ricas y nutritivas para pieles secas hasta geles ligeros que equilibran la oleosidad, las posibilidades son amplias y versátiles. Con ingredientes naturales, como mantecas, aceites vegetales y aloe vera, cada producto se convierte en una solución que no solo cuida, sino que respeta la naturaleza de la piel y el medio ambiente. Estos ingredientes actúan como aliados, nutriendo profundamente mientras ofrecen una experiencia sensorial única y revigorizante.

Cuando la hidratación se convierte en un hábito diario, el rostro refleja los beneficios de forma clara: suavidad, luminosidad y resiliencia. No es solo la piel la que se renueva; el acto de cuidar de sí mismo fortalece la autoestima y crea una rutina de bienestar que trasciende lo físico. Cada capa de hidratante aplicada es una reafirmación del compromiso con el propio cuerpo, traduciéndose en una piel que, además de saludable, exhala vitalidad y equilibrio en todas las fases de la vida.

Capítulo 10
Mascarillas Faciales Naturales

Las mascarillas faciales naturales son una solución poderosa y accesible para potenciar el cuidado de la piel. Formuladas con ingredientes puros, extraídos directamente de la naturaleza, ofrecen una amplia gama de beneficios que van desde la hidratación y nutrición hasta la purificación y rejuvenecimiento. Además de promover resultados visibles a corto plazo, estos tratamientos intensivos valoran el equilibrio natural de la piel, minimizando el uso de sustancias químicas agresivas. Incorporar mascarillas naturales a la rutina de cuidado es una forma de aliar bienestar, estética y sostenibilidad en un solo gesto.

Al aplicar una mascarilla facial, la piel recibe una concentración elevada de activos que penetran profundamente, promoviendo cambios significativos en su textura, luminosidad y vitalidad. Ingredientes como arcillas, frutas, aceites vegetales e hidrolatos son ricos en nutrientes esenciales, vitaminas y antioxidantes que ayudan a restaurar la salud de la piel. Por ejemplo, las mascarillas hidratantes a base de aguacate y miel son ideales para pieles secas, mientras que las de arcilla verde auxilian en el control de la oleosidad y en la purificación de los poros. Esta variedad permite personalizar los cuidados conforme las necesidades individuales, garantizando resultados eficaces y dirigidos.

Además de los beneficios directos para la piel, el uso de mascarillas faciales proporciona un momento de relajación y autocuidado. Este ritual puede ser transformado en una experiencia sensorial completa, combinando aromas naturales y una pausa en la rutina para favorecer el bienestar emocional. La aplicación regular, sea una o dos veces por semana, complementa los cuidados diarios y ayuda a crear una conexión más profunda con las necesidades del cuerpo. Al explorar diferentes combinaciones de ingredientes y texturas, es posible descubrir cuáles mascarillas naturales mejor atienden a las particularidades de la piel, promoviendo un cuidado completo, saludable y verdaderamente transformador.

Las mascarillas faciales naturales son un recurso poderoso para intensificar el cuidado de la piel, reuniendo beneficios que van desde la hidratación y nutrición hasta la purificación y rejuvenecimiento. Formuladas con ingredientes puros y accesibles, estas mascarillas proporcionan resultados rápidos y visibles, al mismo tiempo que respetan el equilibrio natural de la piel. Incorporarlas a la rutina de cuidado es una manera simple de aliar bienestar, belleza y sostenibilidad, valorizando prácticas que priorizan la salud de la piel y el uso de sustancias naturales.

Cuando se aplican, las mascarillas ofrecen una dosis concentrada de activos que penetran profundamente en la piel, promoviendo cambios perceptibles en textura, luminosidad y vitalidad. Ingredientes como arcillas, aceites vegetales, frutas e hidrolatos son ricos en vitaminas, minerales y antioxidantes esenciales para restaurar la salud de la piel. Por ejemplo, una mascarilla a base de aguacate y miel es ideal para pieles secas, ofreciendo una hidratación intensa, mientras que la arcilla verde es recomendada para pieles grasas, ayudando a controlar la oleosidad y a purificar los poros. La diversidad de combinaciones permite personalizar los cuidados, atendiendo a las necesidades únicas de cada tipo de piel.

Además de los beneficios para la piel, las mascarillas faciales se transforman en momentos de relajación y autocuidado. Durante el tiempo de aplicación, es posible crear una experiencia sensorial única, aprovechando los aromas naturales de los ingredientes y permitiendo una pausa en la rutina diaria. Este ritual, que puede ser realizado una o dos veces por semana, complementa los cuidados regulares y fortalece la conexión con el propio cuerpo. Experimentar diferentes mascarillas y descubrir aquellas que mejor atienden a las necesidades de la piel es un camino para alcanzar un cuidado más completo y transformador.

Las mascarillas faciales ofrecen beneficios variados, desde la hidratación profunda y la nutrición hasta la purificación y la revitalización de la piel. Tratan intensivamente, concentrando activos que proporcionan resultados rápidos, como suavidad, luminosidad y uniformidad. Las mascarillas purificantes con arcillas, por ejemplo, desobstruyen los poros, controlan el exceso de oleosidad y previenen puntos negros y espinillas. Las versiones calmantes, con aloe vera o camomila, alivian irritaciones y reducen el enrojecimiento. Además, las mascarillas rejuvenecedoras con ingredientes antioxidantes, como aceite de rosa mosqueta o vitamina C, ayudan a prevenir los signos del envejecimiento, confiriendo un aspecto joven y radiante.

Escoger la mascarilla facial ideal es esencial para garantizar los mejores resultados. Las pieles normales pueden usar mascarillas hidratantes y nutritivas para mantener el equilibrio, mientras que las pieles secas se benefician de mascarillas más ricas, con aceites vegetales y mantecas. Para pieles grasas, las mascarillas purificantes y astringentes, con arcillas o carbón activado, son ideales. Las pieles mixtas piden combinaciones que atiendan a las diferentes áreas del rostro, y las pieles sensibles deben priorizar fórmulas calmantes, sin fragancias ni colorantes.

Crear mascarillas naturales en casa es una forma práctica y económica de personalizar los cuidados. Una mascarilla hidratante de aguacate y miel, por ejemplo, se prepara con ½ aguacate maduro machacado y 1 cucharada de miel. La mezcla debe ser aplicada en el rostro limpio y seco, permaneciendo por 15 a 20 minutos antes de ser enjuagada con agua tibia. Para purificación, una mascarilla de arcilla verde combina 2 cucharadas de arcilla en polvo con agua o hidrolato hasta formar una pasta cremosa. Tras la aplicación, dejar actuar por el mismo periodo y remover con agua tibia. Las mascarillas calmantes, como la de aloe vera y camomila, mezclan 2 cucharadas de gel de aloe vera con

1 cucharada de té de camomila concentrado, ofreciendo alivio inmediato para pieles sensibles.

Al aplicar mascarillas faciales, algunos cuidados potencializan los resultados. Antes de todo, es esencial limpiar bien la piel para remover impurezas y preparar el rostro para recibir los activos de la mascarilla. La aplicación debe ser hecha en capas uniformes, evitando la zona sensible de los ojos y labios. Durante el tiempo de acción, relajarse y aprovechar el momento ayuda a transformar el cuidado en un ritual de bienestar. Tras la remoción completa de la mascarilla, es recomendado finalizar con un hidratante para prolongar los efectos y reponer la hidratación.

La frecuencia ideal para el uso de las mascarillas varía de acuerdo con las necesidades individuales de la piel. Generalmente, se recomienda aplicarlas una o dos veces por semana, ajustando la periodicidad conforme la respuesta de la piel. Este hábito simple complementa los cuidados diarios y proporciona una piel más saludable, bonita y revitalizada.

Las mascarillas faciales naturales son una excelente forma de intensificar el cuidado de la piel, ofreciendo tratamientos específicos para diferentes tipos y necesidades. Incorporarlas a la rutina es un paso significativo para alcanzar una piel más saludable, equilibrada y radiante, mientras se disfruta de momentos preciosos de autocuidado y relajación.

El uso regular de mascarillas faciales naturales transciende los cuidados estéticos, transformándose en una práctica holística que beneficia tanto a la piel como al bienestar emocional. Cada aplicación no es apenas un tratamiento intensivo, sino también un momento de pausa, en que el cuerpo y la mente encuentran alivio del ritmo acelerado del cotidiano. Incorporar este ritual en la rutina semanal permite no apenas alcanzar resultados visibles, sino también cultivar una conexión más profunda con las propias necesidades.

La versatilidad de las mascarillas naturales posibilita una personalización que atiende a diferentes tipos de piel y demandas específicas. Sea para hidratar, purificar o rejuvenecer, estos tratamientos valoran los ingredientes simples y poderosos que la naturaleza ofrece, garantizando resultados seguros y eficaces. Esta aproximación consciente y sostenible refuerza el compromiso con el cuidado integral, promoviendo una relación de respeto tanto con el cuerpo como con el medio ambiente.

Al explorar diferentes combinaciones y texturas, la rutina con mascarillas faciales se convierte en un acto de descubrimiento y autocuidado. Cada preparación casera o aplicación refleja un momento de dedicación personal, donde la belleza es nutrida de dentro hacia afuera. Así, además de una piel más radiante y saludable, los beneficios incluyen una sensación de equilibrio y renovación que perdura mucho más allá de los minutos dedicados a este ritual.

Capítulo 11
Tónico Facial Natural

La tonificación de la piel es una etapa indispensable para potenciar el cuidado facial, promoviendo un equilibrio esencial tras la limpieza y exfoliación. Este proceso va más allá de la simple remoción de residuos remanentes: actúa como un aliado multifuncional que revitaliza, refresca y prepara la piel para recibir los tratamientos subsecuentes. El tónico facial natural desempeña un papel central en este contexto, ofreciendo beneficios que abarcan desde la armonización del pH cutáneo hasta la prevención de la oleosidad excesiva y la reducción de la apariencia de poros dilatados. Así, su uso regular se traduce en una piel más saludable, firme y luminosa, evidenciando la importancia de su inclusión en cualquier rutina de cuidado.

La capacidad del tónico natural de equilibrar el pH de la piel es uno de sus aspectos más notables. Tras la limpieza, la piel puede presentar un ligero desequilibrio que, si no se corrige, puede comprometer su barrera protectora natural, dejándola vulnerable a agresiones externas. Con su composición ligeramente ácida, el tónico auxilia en la restauración de este equilibrio, fortaleciendo la barrera cutánea y manteniendo la flora bacteriana saludable. Además, su acción calmante y refrescante es un alivio inmediato para pieles sensibilizadas, ofreciendo confort y reduciendo irritaciones y enrojecimientos, lo que lo convierte en un producto especialmente eficaz para pieles sensibles o reactivas.

Al potenciar la absorción de los productos aplicados posteriormente, el tónico natural asume un papel estratégico en la rutina de cuidado. Crea una base ideal para que hidratantes, sérums y otros tratamientos penetren más profundamente en la piel, maximizando sus beneficios. Esta característica, combinada con la acción tonificante y revitalizante, promueve una apariencia rejuvenecida, con textura uniforme y tacto suave. Así, el uso de tónicos faciales naturales, ricos en extractos vegetales e ingredientes cuidadosamente seleccionados, no solo optimiza los cuidados diarios, sino que también contribuye a una piel visiblemente más equilibrada y radiante.

La tonificación de la piel es una etapa indispensable para potenciar el cuidado facial, promoviendo un equilibrio esencial tras la limpieza y exfoliación. Este proceso va más allá de la simple remoción de residuos remanentes: actúa como un aliado multifuncional que revitaliza, refresca y prepara la piel para recibir los tratamientos subsecuentes. El tónico facial natural desempeña un papel central en este contexto, ofreciendo beneficios que abarcan desde la armonización del pH cutáneo hasta la prevención de la oleosidad excesiva y la reducción de la apariencia de poros dilatados. Así, su uso regular se traduce en una piel más saludable, firme y luminosa, evidenciando la importancia de su inclusión en cualquier rutina de cuidado.

La capacidad del tónico natural de equilibrar el pH de la piel es uno de sus aspectos más notables. Tras la limpieza, la piel puede presentar un ligero desequilibrio que, si no se corrige, puede comprometer su barrera protectora natural, dejándola vulnerable a agresiones externas. Con su composición ligeramente ácida, el tónico auxilia en la restauración de este equilibrio, fortaleciendo la barrera cutánea y manteniendo la flora bacteriana saludable. Además, su acción calmante y refrescante es un alivio inmediato para pieles sensibilizadas, ofreciendo confort y reduciendo irritaciones y enrojecimientos, lo que lo convierte en un producto especialmente eficaz para pieles sensibles o reactivas.

Al potenciar la absorción de los productos aplicados posteriormente, el tónico natural asume un papel estratégico en la rutina de cuidado. Crea una base ideal para que hidratantes, sérums y otros tratamientos penetren más profundamente en la piel, maximizando sus beneficios. Esta característica, combinada con la acción tonificante y revitalizante, promueve una apariencia rejuvenecida, con textura uniforme y tacto suave. Así, el uso de tónicos faciales naturales, ricos en extractos vegetales e ingredientes cuidadosamente seleccionados, no solo optimiza los cuidados diarios, sino que también contribuye a una piel visiblemente más equilibrada y radiante.

Los beneficios del tónico facial natural son amplios y abarcan varias dimensiones del cuidado con la piel. Uno de sus principales atributos es complementar la limpieza, removiendo los últimos residuos de impurezas, maquillaje y productos que eventualmente permanecen en la piel incluso tras el lavado. Esto garantiza una sensación de pureza y prepara la superficie cutánea para las etapas siguientes. Además, es un aliado inestimable en el restablecimiento del pH natural de la piel. Tras la limpieza, la acidez natural puede ser temporalmente afectada, pero el tónico, con su pH ligeramente ácido, ayuda a corregir esta alteración, promoviendo el mantenimiento de una microbiota equilibrada que protege contra agentes nocivos externos.

Otro punto notable es el confort que el tónico proporciona, especialmente para pieles más sensibles. Ingredientes calmantes y refrescantes, como extractos vegetales e hidrolatos, actúan para suavizar la irritación, reduciendo enrojecimiento e inflamaciones. Este efecto es particularmente beneficioso para quien lidia con condiciones de sensibilidad acentuada, creando una sensación de frescor que ayuda a revitalizar la piel.

Preparar la piel para los cuidados subsecuentes es otra función esencial del tónico facial. Al remover cualquier barrera residual, favorece la absorción de productos como hidratantes y sérums, optimizando sus efectos. Así, la piel no solo recibe los nutrientes necesarios, sino que también gana un aspecto más firme, uniforme y saludable, evidenciando la acción tonificante y revitalizante del producto. En casos específicos, como pieles grasas, el tónico puede también ejercer un papel astringente, controlando la oleosidad, especialmente en la zona T, y contribuyendo a la prevención del acné y brillo excesivo.

Los diferentes tipos de tónicos faciales naturales son formulados para atender a variadas necesidades de la piel. Los hidratantes, por ejemplo, son ricos en ingredientes como hidrolato de rosa y aloe vera, promoviendo hidratación y suavidad. Los tónicos astringentes, elaborados con hidrolato de hamamelis y aceite esencial de melaleuca, ofrecen una solución eficaz para el control de la oleosidad y poros dilatados. Para quien busca calmar irritaciones, los tónicos calmantes, con hidrolato de camomila y extracto de caléndula, proporcionan un cuidado delicado. Por último, los revitalizantes, compuestos por vitamina C y extracto de pepino, confieren a la piel un brillo renovado y una apariencia rejuvenecida.

La elección del tónico ideal debe ser basada en el tipo de piel y sus características específicas. Para piel normal, es interesante optar por productos hidratantes y revitalizantes, manteniendo el equilibrio natural. Las pieles secas, a su vez, se benefician de tónicos con alto poder de hidratación, mientras que las pieles grasas encuentran en los astringentes la solución para minimizar la oleosidad y los poros dilatados. Quien posee piel mixta puede explorar fórmulas que actúen tanto en el control de oleosidad como en la hidratación. Para las pieles sensibles, es fundamental priorizar tónicos calmantes, formulados con ingredientes suaves y libres de fragancias, para evitar reacciones adversas.

Las recetas de tónicos faciales naturales son una forma práctica y económica de integrar estos cuidados a la rutina. Por ejemplo, un tónico hidratante de rosa puede ser preparado simplemente almacenando 100 ml de hidrolato de rosa en un frasco de vidrio oscuro con atomizador, listo para ser aplicado en el rostro limpio y seco. Para quien busca un efecto astringente, la mezcla de 100 ml de hidrolato de hamamelis con 10 gotas de aceite esencial de melaleuca es una combinación eficaz, almacenada de la misma forma. Un tónico calmante, a su vez, puede ser hecho combinando 100 ml de hidrolato de camomila con una cucharada de extracto de caléndula, promoviendo alivio y confort inmediato para la piel irritada.

La aplicación correcta del tónico facial también potencializa sus beneficios. Debe ser utilizado tras la limpieza y exfoliación, cuando la piel está más receptiva. Sea con un disco de algodón o atomizador, el producto debe ser distribuido de manera uniforme, siempre evitando la zona sensible de los ojos. Y, al contrario de otros productos, el tónico no necesita ser enjuagado, permitiendo que sus activos sean completamente absorbidos antes de la aplicación del hidratante.

Incorporar el tónico facial natural a la rutina diaria es una elección estratégica para quien busca una piel equilibrada y radiante. Mediante ingredientes naturales y una aproximación consciente, es posible alcanzar resultados que promueven no solo belleza, sino también salud y bienestar para la piel a largo plazo.

La práctica de integrar el tónico facial natural al cotidiano refleja un cuidado consciente y conectado a las necesidades individuales de la piel. Cada aplicación es una oportunidad de restablecer la armonía de la epidermis, reforzando sus defensas naturales y proporcionando un momento de renovación. Este gesto simple, pero significativo, fortalece la relación con los cuidados personales, transformando una rutina en un ritual de autocuidado y valorización del bienestar.

Los beneficios del tónico facial van más allá de lo visible, pues su composición natural también reduce la exposición a sustancias químicas agresivas presentes en muchos cosméticos convencionales. Así, al optar por fórmulas basadas en extractos vegetales, hidrolatos y aceites esenciales, promovemos no solo la salud de la piel, sino también un impacto positivo en el medio ambiente. La elección por ingredientes naturales es un reflejo de una aproximación sostenible que beneficia tanto a la piel como al planeta.

Al final, el tónico facial natural se destaca como una pieza esencial en el mosaico de cuidados con la piel, uniendo funcionalidad, simplicidad y eficacia. Su versatilidad y amplia gama de beneficios lo convierten en un aliado indispensable, independientemente del tipo o condición de la piel. Incorporarlo a la rutina es garantizar que cada etapa del cuidado sea potencializada, reflejándose en una piel equilibrada, revitalizada y llena de vida.

Capítulo 12
Ojeras y Bolsas

La región alrededor de los ojos es especialmente vulnerable a los efectos del tiempo, las condiciones externas y los hábitos cotidianos, lo que exige cuidados específicos para preservar su apariencia saludable y minimizar signos indeseados, como ojeras y bolsas. Estos signos son frecuentemente resultado de factores como el cansancio, la predisposición genética, el envejecimiento o incluso desequilibrios en el estilo de vida. Aunque son comunes, pueden atenuarse mediante prácticas simples y consistentes, asociadas a ingredientes naturales que calman, revitalizan y descongestionan esta área sensible. La atención adecuada a estos aspectos no solo mejora la apariencia, sino que también contribuye a un semblante más descansado y confiado.

Las ojeras, caracterizadas por el tono oscurecido alrededor de los ojos, muchas veces reflejan la interacción de vasos sanguíneos visibles bajo la piel fina o la hiperpigmentación desencadenada por la exposición solar o el envejecimiento. Las bolsas, manifestadas como hinchazón debajo de los ojos, frecuentemente resultan de la retención de líquidos, la reducción de la elasticidad cutánea o la inflamación. A pesar de sus causas multifactoriales, tanto las ojeras como las bolsas pueden tratarse con métodos accesibles, como compresas frías, masajes suaves y fórmulas naturales que combinan aceites vegetales, extractos botánicos y antioxidantes. Estos elementos ayudan a mejorar la circulación local, reducir la inflamación y nutrir profundamente la piel.

Adoptar hábitos que promuevan el equilibrio del organismo también es esencial para cuidar de esta área tan delicada. Una buena hidratación, noches de sueño reparadoras y una alimentación rica en nutrientes son pilares para prevenir y minimizar estos signos. Por otro lado, la protección contra la radiación solar y la reducción del consumo de sustancias como el alcohol y la cafeína complementan estas medidas, evitando factores que acentúan el desgaste de la piel alrededor de los ojos. De esta forma, el cuidado regular y consciente, aliado al uso de alternativas naturales, transforma el abordaje del tratamiento de ojeras y bolsas en una rutina eficaz y restauradora, promoviendo una mirada renovada y vibrante.

La región alrededor de los ojos es especialmente vulnerable a los efectos del tiempo, las condiciones externas y los hábitos cotidianos, lo que exige cuidados específicos para preservar su apariencia saludable y minimizar signos indeseados, como ojeras y bolsas. Estos signos son frecuentemente resultado de factores como el cansancio, la predisposición genética, el envejecimiento o incluso desequilibrios en el estilo de vida. Aunque son comunes, pueden atenuarse mediante prácticas simples y consistentes, asociadas a ingredientes naturales que calman, revitalizan y descongestionan esta área sensible. La atención adecuada a estos aspectos no solo mejora la apariencia, sino que también contribuye a un semblante más descansado y confiado.

Las ojeras, caracterizadas por el tono oscurecido alrededor de los ojos, muchas veces reflejan la interacción de vasos sanguíneos visibles bajo la piel fina o la hiperpigmentación desencadenada por la exposición solar o el envejecimiento. Las bolsas, manifestadas como hinchazón debajo de los ojos, frecuentemente resultan de la retención de líquidos, la reducción de la elasticidad cutánea o la inflamación. A pesar de sus causas multifactoriales, tanto las ojeras como las bolsas pueden tratarse con métodos accesibles, como compresas frías, masajes suaves y fórmulas naturales que combinan aceites vegetales, extractos botánicos y antioxidantes. Estos elementos ayudan a mejorar la circulación local, reducir la inflamación y nutrir profundamente la piel.

El origen de las ojeras y bolsas es bastante diverso y depende de factores como la genética, el estilo de vida y la salud general. En el caso de las ojeras, su coloración puede variar de tonos violáceos a marrones, dependiendo del grosor de la piel y de la presencia de vasos sanguíneos o pigmentación. En personas con predisposición genética, la piel alrededor de los ojos es más fina y transparente, haciendo que los vasos sanguíneos sean más visibles y creando la apariencia oscurecida. El cansancio, las noches mal dormidas y el estrés perjudican la circulación sanguínea en el área, facilitando la acumulación de líquidos y toxinas que acentúan estos signos.

Las bolsas, por otro lado, se asocian frecuentemente a la retención de líquidos o a la pérdida de elasticidad de la piel, que se vuelve más evidente con el paso de los años. La exposición solar excesiva sin protección puede agravar tanto las ojeras como las bolsas, estimulando la producción de melanina y llevando a la aparición de manchas. Además, los hábitos alimentarios inadecuados, como el consumo excesivo de sodio y alimentos procesados, contribuyen significativamente a la hinchazón en la región, así como las alergias, que pueden causar inflamaciones locales.

La adopción de cuidados específicos para la piel alrededor de los ojos es esencial para lidiar con estos problemas. La limpieza suave es el primer paso, ya que elimina residuos y maquillaje sin agredir la piel. Productos delicados, como el agua micelar o el aceite vegetal de jojoba, son ideales para esta área sensible. La hidratación también desempeña un papel crucial, y el uso de cremas específicas para los ojos, con texturas ligeras e ingredientes nutritivos, ayuda a mantener la elasticidad y la lozanía de la piel.

Además, la protección solar no debe descuidarse. Aplicar protectores solares formulados para el área de los ojos protege la piel contra la radiación UV y previene el envejecimiento prematuro. Otro cuidado simple y eficaz es el masaje suave en la región, que estimula la circulación sanguínea y el drenaje linfático, disminuyendo la hinchazón. Las compresas frías, como rodajas de pepino o té de manzanilla frío, son excelentes para calmar la piel y reducir la inflamación.

Las recetas naturales ofrecen soluciones prácticas y económicas para tratar ojeras y bolsas. Por ejemplo, una crema de rosa mosqueta y manzanilla combina propiedades hidratantes y calmantes. Para prepararla, basta con derretir media cucharadita de cera de abeja en baño maría y mezclarla con una cucharada de aceite de rosa mosqueta e hidrolato de manzanilla. La crema debe almacenarse en un pequeño recipiente limpio y aplicarse por la noche, con suaves movimientos circulares.

Las compresas de té verde son otra opción eficaz. El té verde, conocido por sus propiedades antioxidantes y descongestionantes, ayuda a reducir la hinchazón y las ojeras. Para utilizarlo, basta preparar el té, dejarlo enfriar y aplicar las bolsitas sobre los ojos cerrados durante unos 15 minutos. Una mascarilla de pepino y patata combina las propiedades calmantes y refrescantes de estos ingredientes. La mezcla se hace rallando medio pepino y media patata cruda, aplicando la pasta directamente sobre los ojos cerrados.

Algunas prácticas diarias pueden incorporarse para prevenir y tratar estos signos. Dormir entre 7 y 8 horas por noche es fundamental para evitar el cansancio y el estrés que agravan las ojeras y bolsas. Una alimentación equilibrada, rica en vitaminas y minerales, favorece la salud de la piel y reduce la retención de líquidos. El consumo moderado de alcohol y cafeína también es importante, ya que ambas sustancias pueden deshidratar el cuerpo e intensificar los problemas.

Beber bastante agua es otra medida esencial, ya que ayuda a eliminar toxinas y mantiene la piel hidratada. Durante el sueño, elevar la cabeza con una almohada extra puede evitar la acumulación de líquidos en la región de los ojos. Además, el uso de gafas de sol con protección UV protege la piel alrededor de los ojos de los daños causados por el sol.

Cuando los cuidados caseros no sean suficientes para reducir significativamente las ojeras y bolsas, es recomendable buscar la orientación de un médico o dermatólogo. En casos donde estos signos persisten, pueden estar relacionados con afecciones de salud subyacentes, como anemia o problemas renales, que requieren tratamiento especializado.

Cuidar del área de los ojos es un gesto que va más allá de la estética, promoviendo la salud y el bienestar. Adoptar prácticas cotidianas que involucren la limpieza suave, la hidratación adecuada, la protección solar y el uso de tratamientos naturales no solo minimiza los signos de cansancio, sino que también fortalece la piel delicada de esta región. Con consistencia y atención a los detalles, es posible restaurar la frescura de la mirada y promover una apariencia más ligera y rejuvenecida.

La atención a la región de los ojos no se limita solo al combate de las ojeras y bolsas, sino que también involucra la construcción de una relación de cuidado continuo con esta área delicada. Cada gesto, ya sea la aplicación de una crema o la realización de un masaje suave, es una oportunidad de fortalecer la conexión con el propio cuerpo y cultivar hábitos que se reflejan directamente en la apariencia y el bienestar general. Así, además de los resultados visibles, hay una ganancia de confianza y una sensación de autocuidado que trasciende los beneficios estéticos.

Invertir en soluciones naturales y prácticas simples no solo potencia los resultados, sino que también rescata la simplicidad de los rituales de cuidado personal. Ingredientes como el té verde, el pepino y la rosa mosqueta revelan el poder de elementos accesibles y sostenibles, promoviendo la salud de la piel mientras minimizan los impactos ambientales. Este equilibrio entre eficacia y respeto al medio ambiente es una invitación a la reflexión sobre la elección consciente de productos y métodos que integran salud y sostenibilidad.

Conforme se construye una rutina enfocada en la región de los ojos, se hace evidente que la consistencia y el respeto a las necesidades de la piel son pilares para alcanzar resultados duraderos. Una mirada revitalizada y luminosa no es solo reflejo de técnicas y productos aplicados, sino también de una dedicación continua que valora el cuidado integral del cuerpo. Este camino de atención y cariño transforma el abordaje de los cuidados diarios en una celebración de la propia esencia, con la promesa de un semblante renovado y vibrante.

Capítulo 13
Acné Naturalmente

El acné es una manifestación común de la piel que refleja un conjunto de factores internos y externos interrelacionados, que influyen significativamente en la apariencia y la salud emocional de quienes lo enfrentan. Aunque a menudo se asocia con la adolescencia, esta condición puede ocurrir en cualquier etapa de la vida, y se caracteriza por lesiones como espinillas, puntos negros y, en los casos más graves, nódulos y quistes. Estas señales resultan de una combinación de desequilibrios hormonales, exceso de grasa, obstrucción de los poros y la acción de bacterias que proliferan en ambientes propicios. Además de representar una molestia estética, el acné puede verse agravado por prácticas inadecuadas, lo que hace imprescindible un enfoque cuidadoso y eficaz.

El cuidado de la piel con acné comienza con una limpieza adecuada, que debe realizarse con productos suaves, capaces de eliminar las impurezas sin causar sequedad ni irritación. La exfoliación periódica también juega un papel vital, ayudando a prevenir la obstrucción de los poros, siempre que se haga con moderación para evitar inflamaciones adicionales. Además, la tonificación con fórmulas naturales que calman y equilibran la producción de sebo complementa la rutina, mientras que la hidratación, con productos ligeros y libres de aceites, preserva la barrera protectora de la piel. El uso regular de protector solar es igualmente crucial, ya que la exposición a los rayos UV puede intensificar la inflamación y causar manchas, lo que hace que el tratamiento sea aún más desafiante.

La integración de soluciones naturales potencia el cuidado de la piel con acné, aprovechando las propiedades terapéuticas de ingredientes como la arcilla verde, el aceite esencial de árbol de té y el aloe vera. Estos componentes ofrecen una acción combinada contra el exceso de grasa, la inflamación y la proliferación bacteriana, promoviendo un tratamiento eficaz y menos agresivo. Además, los cambios en el estilo de vida, como mantener una dieta equilibrada, rica en antioxidantes y baja en alimentos inflamatorios, junto con la ingesta adecuada de agua, juegan un papel complementario esencial. Por lo tanto, un plan integral que combine cosmética natural, hábitos saludables y seguimiento dermatológico garantiza una piel más sana y una mejora significativa en los aspectos visuales y emocionales del acné.

El acné es una manifestación común de la piel que refleja un conjunto de factores internos y externos interrelacionados, que influyen significativamente en la apariencia y la salud emocional de quienes lo enfrentan. Aunque a menudo se asocia con la adolescencia, esta condición puede ocurrir en cualquier etapa de la vida, y se caracteriza por lesiones como espinillas, puntos negros y, en los casos más graves, nódulos y quistes. Estas señales resultan de una combinación de desequilibrios hormonales, exceso de grasa, obstrucción de los poros y la acción de bacterias que proliferan en ambientes propicios. Además de representar una molestia estética, el acné puede verse agravado por prácticas inadecuadas, lo que hace imprescindible un enfoque cuidadoso y eficaz.

El cuidado de la piel con acné comienza con una limpieza adecuada, que debe realizarse con productos suaves, capaces de eliminar las impurezas sin causar sequedad ni irritación. La exfoliación periódica también juega un papel vital, ayudando a prevenir la obstrucción de los poros, siempre que se haga con moderación para evitar inflamaciones adicionales. Además, la tonificación con fórmulas naturales que calman y equilibran la producción de sebo complementa la rutina, mientras que la hidratación, con productos ligeros y libres de aceites, preserva la barrera protectora de la piel. El uso regular de protector solar es igualmente crucial, ya que la exposición a los rayos UV puede intensificar la inflamación y causar manchas, lo que hace que el tratamiento sea aún más desafiante.

Aunque existen innumerables tratamientos convencionales para el acné, la cosmética natural ofrece un enfoque más suave y eficaz, aprovechando el potencial de ingredientes con propiedades terapéuticas. El acné, que surge a partir de procesos como la inflamación de las glándulas sebáceas y los folículos pilosos, tiene causas bien definidas que, al ser comprendidas, permiten tratamientos más específicos.

Una de las principales causas del acné es el exceso de grasa, que puede ser desencadenado por cambios hormonales, predisposición genética y factores ambientales. Este exceso de sebo crea un ambiente propicio para la proliferación de bacterias, como la Propionibacterium acnes (P. acnes), que está presente de forma natural en la piel. Cuando los poros se obstruyen por la acumulación de células muertas e impurezas, esta bacteria encuentra un medio ideal para crecer, desencadenando inflamación y las lesiones características del acné, como espinillas y puntos negros.

Los diferentes tipos de acné varían en gravedad. El acné comedoniano se caracteriza por puntos negros, que pueden ser abiertos (puntos negros) o cerrados (puntos blancos). El acné papulopustuloso incluye pápulas rojizas y pústulas que contienen pus, lo que indica una inflamación más intensa. En los casos más graves, el acné noduloquístico presenta nódulos grandes, dolorosos y lesiones profundas, que requieren cuidados más especializados.

El cuidado de la piel con acné requiere una rutina específica, comenzando por la limpieza suave. Lavar la cara dos veces al día, por la mañana y por la noche, con un producto específico para pieles con acné, ayuda a eliminar el exceso de grasa sin resecar ni irritar la piel. La exfoliación, realizada una o dos veces por semana, es esencial para destapar los poros, pero debe hacerse con moderación para evitar que la inflamación empeore. Se pueden incorporar ingredientes naturales como la avena, que tiene propiedades calmantes, para exfoliar de forma eficaz y delicada.

Después de la limpieza, la tonificación es indispensable. Un tónico astringente formulado con ingredientes como hidrolato de hamamelis y aceite esencial de árbol de té ayuda a controlar la grasa y reducir la apariencia de los poros. Además, la hidratación es un paso crucial, incluso para las pieles grasas. Las cremas hidratantes sin aceite, con una textura ligera, ayudan a preservar la barrera cutánea sin obstruir los poros.

La protección solar es un aspecto que a menudo se pasa por alto, pero es fundamental en el tratamiento del acné. La exposición al sol puede exacerbar la inflamación y dejar manchas difíciles de tratar. El uso diario de un protector solar ligero y específico para pieles con acné es una forma de prevenir daños adicionales.

Además del cuidado tópico, la dieta juega un papel importante. Consumir una dieta rica en frutas, verduras y alimentos antiinflamatorios, al tiempo que se evitan los productos procesados y ricos en azúcares y grasas, contribuye a mejorar la salud de la piel. La ingesta adecuada de agua también ayuda a eliminar toxinas, mientras que evitar el consumo excesivo de lácteos y alimentos con un alto índice glucémico puede reducir los brotes de acné.

Las recetas naturales para el cuidado del acné ofrecen soluciones accesibles y eficaces. Una mascarilla facial de arcilla verde, por ejemplo, es fácil de preparar. Basta con mezclar dos cucharadas de arcilla verde en polvo con agua filtrada o hidrolato de hamamelis hasta formar una pasta cremosa. Aplicada sobre el rostro limpio y seco, la mascarilla debe actuar durante 15 a 20 minutos antes de retirarla con agua tibia. La arcilla verde, con sus propiedades purificantes y antiinflamatorias, ayuda a controlar la grasa y a reducir las lesiones del acné.

Otra solución práctica es el tónico facial de árbol de té. Mezclar 100 ml de hidrolato de hamamelis con 10 gotas de aceite esencial de árbol de té y guardar en un frasco de vidrio oscuro con pulverizador. Aplicado después de la limpieza, este tónico ayuda a combatir las bacterias y a calmar la inflamación. Para un cuidado específico, el gel secante de árbol de té es ideal. Mezclar una cucharada de gel de aloe vera con dos gotas de aceite esencial de árbol de té y aplicar directamente sobre las espinillas antes de acostarse. El aloe vera, con su acción cicatrizante, complementa la eficacia antibacteriana del aceite esencial.

Incorporar un exfoliante natural de avena y miel también es una opción práctica y nutritiva para la piel. Mezclar dos cucharadas de copos de avena finos con una cucharada de miel hasta obtener una pasta. Masajear suavemente sobre el rostro húmedo y aclarar con agua tibia. La avena elimina las células muertas a la vez que calma la piel, y la miel aporta hidratación y propiedades antibacterianas.

Un enfoque integral que incluya cuidados tópicos, cambios en el estilo de vida y el uso de cosmética natural puede transformar la forma en que se trata el acné. El compromiso con una rutina constante y adaptada a las necesidades individuales da como resultado una piel más equilibrada, sana y libre de acné, promoviendo no solo una mejora estética, sino también emocional, con mayor confianza y bienestar.

La búsqueda de soluciones naturales para el acné trasciende la simple preocupación por la apariencia, conectando las prácticas de cuidado con la valoración de la salud y el equilibrio general del cuerpo. La combinación de ingredientes botánicos y cambios en el estilo de vida reafirma el poder de la naturaleza como aliada en la promoción de una piel sana y en la reducción de las lesiones causadas por el acné. Además, este enfoque fomenta el autoconocimiento y la paciencia, recordando que los resultados visibles surgen de la persistencia y el respeto al propio ritmo de curación.

El tratamiento del acné con cosmética natural también abre espacio para el redescubrimiento de rituales sencillos pero eficaces, como la aplicación de mascarillas de arcilla y el uso de tónicos caseros. Estos momentos de autocuidado tienen el potencial de transformar la relación con la piel, estableciendo una rutina que no solo trata, sino que también previene los retos futuros. Esta armonía entre lo que se aplica externamente y los cambios internos, como la alimentación y la hidratación, pone de relieve hasta qué punto un cuidado integral puede repercutir positivamente en la salud de la piel.

Por último, el camino hacia una piel libre de acné no consiste solo en eliminar las imperfecciones, sino también en cultivar hábitos que se reflejen en el bienestar general. Al integrar el conocimiento sobre los beneficios de la naturaleza con una visión amplia y cuidadosa del cuerpo, es posible conseguir una piel equilibrada y una relación más segura con la propia imagen. Este proceso, además de restaurar la salud cutánea, refuerza el valor de las prácticas conscientes que celebran la individualidad y el respeto por uno mismo.

Capítulo 14
Manchas en la Piel

Las manchas en la piel representan un desafío común para muchas personas, reflejando alteraciones en la pigmentación que pueden variar en intensidad y origen. Estas alteraciones, a menudo asociadas a la exposición solar, el envejecimiento, los procesos inflamatorios o los cambios hormonales, afectan a la uniformidad del tono de la piel y, en algunos casos, influyen directamente en la autoestima. Por muy diversas que sean sus causas, el enfoque correcto puede reducir significativamente su apariencia, promoviendo una piel más uniforme, luminosa y sana. La cosmética natural ofrece alternativas suaves y eficaces, explorando los beneficios de ingredientes como la arcilla, los aceites vegetales y los antioxidantes, que aclaran y revitalizan sin agredir la piel.

La prevención es el primer paso en el cuidado de las manchas, siendo la protección solar diaria una de las estrategias más importantes. La exposición a los rayos UV, incluso en días nublados, es la principal responsable del aumento de la producción de melanina, el pigmento que, cuando se acumula de forma irregular, da lugar a las manchas. Además, hábitos como evitar el sol en las horas punta y utilizar sombreros y ropa que bloqueen la radiación ultravioleta complementan la protección tópica. Paralelamente, adoptar una dieta rica en antioxidantes, como la vitamina C y la E, fortalece la piel de dentro hacia fuera, ayudando a combatir los radicales libres que aceleran el envejecimiento y favorecen la hiperpigmentación.

La uniformidad del tono de la piel puede conseguirse con el uso de tratamientos naturales que poseen propiedades regeneradoras y aclarantes. Ingredientes como la arcilla blanca, conocida por su efecto suavizante e iluminador, y el aceite de rosa mosqueta, un potente regenerador celular, son aliados poderosos contra diferentes tipos de manchas, como las del acné, el melasma y las manchas de la edad. Al integrar estos tratamientos a una rutina de cuidados que incluya una limpieza adecuada, una hidratación equilibrada y el uso de protector solar, es posible reducir gradualmente la aparición de las manchas y prevenir la aparición de otras nuevas. Este enfoque holístico, que combina protección, nutrición y tratamiento específico, proporciona resultados eficaces y duraderos, promoviendo una piel visiblemente más uniforme y revitalizada.

Las manchas en la piel representan un desafío común para muchas personas, reflejando alteraciones en la pigmentación que pueden variar en intensidad y origen. Estas alteraciones, a menudo asociadas a la exposición solar, el envejecimiento, los procesos inflamatorios o los cambios hormonales, afectan a la uniformidad del tono de la piel y, en algunos casos, influyen directamente en la autoestima. Por muy diversas que sean sus causas, el enfoque correcto puede reducir significativamente su apariencia, promoviendo una piel más uniforme, luminosa y sana. La cosmética natural ofrece alternativas suaves y eficaces, explorando los beneficios de ingredientes como la arcilla, los aceites vegetales y los antioxidantes, que aclaran y revitalizan sin agredir la piel.

La prevención es el primer paso en el cuidado de las manchas, siendo la protección solar diaria una de las estrategias más importantes. La exposición a los rayos UV, incluso en días nublados, es la principal responsable del aumento de la producción de melanina, el pigmento que, cuando se acumula de forma irregular, da lugar a las manchas. Además, hábitos como evitar el sol en las horas punta y utilizar sombreros y ropa que bloqueen la radiación ultravioleta complementan la protección tópica. Paralelamente, adoptar una dieta rica en antioxidantes, como la vitamina C y la E, fortalece la piel de dentro hacia fuera, ayudando a combatir los radicales libres que aceleran el envejecimiento y favorecen la hiperpigmentación.

La cosmética natural presenta un conjunto completo de soluciones para uniformizar el tono de la piel y minimizar las manchas. Entre los tipos más comunes, el melasma destaca como una afección desafiante. Estas manchas oscuras, generalmente localizadas en zonas como la frente, las mejillas, la nariz y la barbilla, tienen una fuerte relación con factores hormonales y la exposición solar, además de la predisposición genética. El tratamiento natural puede ayudar a atenuarlas gradualmente, protegiendo y regenerando la piel. Las pecas, por su parte, tienen un origen genético, pero su intensidad aumenta con la exposición al sol, por lo que es esencial el uso diario de protector solar.

Las manchas de la edad, que aparecen con el envejecimiento, están causadas por la acumulación de melanina a lo largo del tiempo en zonas frecuentemente expuestas, como la cara, las manos y los brazos. Estas manchas responden bien a ingredientes aclarantes suaves, como la arcilla blanca. Por su parte, las manchas del acné y la hiperpigmentación postinflamatoria, resultado de procesos inflamatorios, surgen del exceso de melanina en la zona lesionada y pueden tratarse con ingredientes antioxidantes y regeneradores.

Las causas de las manchas son diversas, pero la exposición solar excesiva es la principal culpable. Los rayos UV estimulan la producción de melanina, esencial para proteger la piel, pero cuando es excesiva, provoca la aparición de manchas. Los cambios hormonales también desempeñan un papel importante, especialmente en afecciones como el melasma, que se exacerba durante el embarazo o con el uso de anticonceptivos. Otros factores, como el envejecimiento y las inflamaciones, agravan el cuadro, mientras que la predisposición genética determina la intensidad y la frecuencia de estas alteraciones.

La prevención es clave para minimizar la aparición de manchas. El uso diario de protector solar, con un factor de protección 30 o superior, es indispensable. La reaplicación cada dos horas, especialmente después de nadar o sudar, potencia los efectos. Además, evitar la exposición al sol entre las 10.00 y las 16.00 horas y utilizar accesorios como sombreros y gafas de sol ayuda a proteger la piel. La alimentación también juega un papel importante: incluir alimentos ricos en antioxidantes, como cítricos, verduras de hoja verde y frutos secos, ayuda a combatir los radicales libres.

Para tratar las manchas ya existentes, las recetas naturales ofrecen soluciones accesibles y eficaces. La mascarilla aclarante de arcilla blanca es un ejemplo práctico y potente. Para prepararla, mezcle dos cucharadas de arcilla blanca con una cucharada de hidrolato de rosa y cinco gotas de aceite esencial de lavanda, formando una pasta cremosa. Aplicada sobre el rostro limpio, la mascarilla actúa durante 15 a 20 minutos, ayudando a aclarar y suavizar la piel.

Otra opción es el sérum aclarante de vitamina C, que se prepara con una cucharada de aceite vegetal de rosa mosqueta y media cucharadita de vitamina C en polvo. Conservado en un frasco de vidrio oscuro, debe aplicarse por la noche, antes de acostarse. La vitamina C, con sus propiedades antioxidantes, reduce las manchas y favorece la regeneración de la piel. Por su parte, el aceite aclarante de rosa mosqueta puede utilizarse directamente en las zonas afectadas, masajeando suavemente por la noche, antes de acostarse, para estimular la regeneración celular.

Al adoptar estos tratamientos, es fundamental realizar una prueba de sensibilidad antes de su uso para evitar reacciones adversas. Dado que los productos aclarantes pueden aumentar la sensibilidad de la piel al sol, deben utilizarse por la noche y siempre acompañados de protección solar durante el día. Además, los resultados pueden tardar semanas o meses en ser visibles, por lo que se requiere paciencia y constancia.

Integrar estas prácticas naturales a una rutina de cuidados que incluya protección solar, una alimentación sana e hidratación regular proporciona una piel más uniforme y sana. Si las manchas persisten o empeoran, se recomienda consultar a un dermatólogo para investigar las causas y personalizar el tratamiento. El cuidado de la piel no es solo una cuestión estética, sino un acto de bienestar y autoaceptación que promueve la confianza y la salud duradera.

Mantener la piel sana y uniforme es un reflejo de cuidados continuos y elecciones conscientes, donde la combinación de prevención, tratamientos naturales y cambios en el estilo de vida juega un papel crucial. Al incorporar soluciones como mascarillas de arcilla blanca, sérums de vitamina C y aceites regeneradores, es posible promover resultados que no solo atenúan las manchas, sino que también nutren y revitalizan la piel en su conjunto. Este enfoque armonioso rescata la esencia del autocuidado, valorando cada paso del proceso.

Además de los tratamientos tópicos, es esencial recordar que el estado de la piel refleja la salud del cuerpo en su conjunto. Una dieta equilibrada, rica en antioxidantes, junto con la ingesta adecuada de agua, fortalece la piel internamente, complementando los cuidados externos. Estos hábitos no solo ayudan a prevenir nuevas manchas, sino que también crean un ambiente propicio para la regeneración celular, promoviendo resultados duraderos y un aspecto luminoso y vibrante.

    El cuidado de las manchas en la piel no es un compromiso temporal, sino una inversión a largo plazo en el bienestar y la autoestima. Adoptar prácticas consistentes y naturales, alineadas con las necesidades individuales, proporciona beneficios que van más allá de la apariencia. Esta jornada, marcada por la paciencia y la dedicación, transforma la relación con la propia piel, reafirmando el poder de elecciones conscientes y amables que promueven el equilibrio y la confianza.

Capítulo 15
Rejuvenecimiento Facial

El envejecimiento de la piel refleja un proceso natural que, aunque inevitable, puede ser significativamente retardado con cuidados consistentes y estrategias preventivas. A medida que pasan los años, los cambios internos y externos moldean la apariencia de la piel, siendo más evidente la reducción de colágeno y elastina, que compromete la firmeza y elasticidad. Además, factores como la exposición al sol, la contaminación, el estrés, la mala alimentación y los hábitos nocivos, como el tabaquismo, aceleran los signos del tiempo, resultando en arrugas, líneas de expresión, manchas y sequedad. A pesar de ello, un enfoque que combine hábitos saludables y cosméticos naturales permite preservar la vitalidad de la piel y promover una apariencia más joven y equilibrada.

La protección solar diaria es uno de los pilares de la prevención del envejecimiento prematuro. Los rayos UV, al alcanzar la piel, estimulan la degradación del colágeno y la elastina, además de generar radicales libres, moléculas inestables que aceleran el daño celular. Usar protector solar adecuado, combinado con barreras físicas como sombreros y ropa protectora, reduce significativamente estos efectos. Paralelamente, una rutina que incluya la limpieza, tonificación e hidratación de la piel mantiene su barrera protectora intacta, promoviendo la renovación celular y mejorando la textura y el brillo natural.

 Los beneficios de la cosmética natural, que integra antioxidantes, aceites vegetales e ingredientes regeneradores, son un punto culminante en este cuidado. Sustancias como el aceite de rosa mosqueta, conocido por su capacidad para estimular la regeneración celular, y la vitamina C, un potente antioxidante, son particularmente eficaces para minimizar las líneas finas, mejorar la luminosidad y uniformizar el tono de la piel. Las mascarillas y sérums naturales, preparados con elementos como aloe vera y arcilla blanca, ofrecen hidratación profunda y combaten la sequedad, promoviendo una piel más tersa y elástica. Así, al combinar estos cuidados con un estilo de vida equilibrado y el acompañamiento dermatológico, es posible prolongar la juventud de la piel y disfrutar de una apariencia saludable y radiante.

 La cosmética natural presenta un enfoque delicado y a la vez eficiente para promover el rejuvenecimiento facial, valorando ingredientes con propiedades que no solo tratan, sino que también previenen los signos del envejecimiento. Mediante elementos antioxidantes, hidratantes, regeneradores y nutritivos, es posible obtener una piel más firme, lisa, luminosa y con un aspecto visiblemente rejuvenecido. Este enfoque comprende tanto la comprensión de las causas del envejecimiento como la aplicación de cuidados específicos y personalizados.

El proceso de envejecimiento de la piel es intrincado, combinando factores intrínsecos y extrínsecos que afectan su apariencia y salud a lo largo del tiempo. Los factores intrínsecos, como la genética y el avance cronológico, desempeñan un papel inevitable, determinando la estructura básica de la piel y su capacidad de producir colágeno y elastina. La genética, por ejemplo, es responsable de rasgos como la predisposición a la flacidez o a la formación temprana de líneas de expresión, mientras que el paso de los años reduce naturalmente la firmeza y elasticidad, resultando en arrugas y alteraciones en la textura.

Por otro lado, los factores extrínsecos, que incluyen la exposición al sol, la contaminación, el tabaquismo, la alimentación inadecuada, el estrés y la privación del sueño, son responsables de acelerar este proceso natural. La radiación ultravioleta es particularmente perjudicial, provocando daños celulares profundos y la degradación de las fibras de colágeno y elastina, lo que lleva a la formación de manchas y arrugas. La contaminación ambiental contribuye generando radicales libres que dañan la piel, mientras que el tabaquismo disminuye la oxigenación y la circulación sanguínea, amplificando los signos de envejecimiento. Una dieta rica en azúcar y alimentos procesados, sumada al estrés crónico y la falta de sueño, también compromete la renovación celular y la salud cutánea.

Prevenir el envejecimiento prematuro requiere un enfoque multifacético, comenzando por la protección solar diaria. El uso de protectores solares con FPS 30 o superior, aplicados incluso en días nublados y reaplicados cada dos horas, es fundamental. Además, evitar la exposición al sol en las horas pico, entre las 10h y las 16h, y adoptar el uso de sombreros, ropa ligera y gafas de sol ayuda a minimizar los daños causados por los rayos UV. Paralelamente, una alimentación rica en frutas, verduras y hortalizas, combinada con la ingesta adecuada de agua, es indispensable para proporcionar los nutrientes necesarios para la regeneración de la piel y eliminar toxinas.

El mantenimiento de una rutina de cuidados básicos, como la limpieza e hidratación con productos suaves, completa la base de esta prevención. Estas prácticas, sumadas al abandono del tabaquismo, al control del estrés mediante técnicas como el yoga o la meditación y a una buena calidad de sueño, proporcionan un ambiente propicio para la regeneración celular y la preservación de la juventud de la piel.

Entre los tratamientos naturales, las recetas caseras destacan por su simplicidad y eficacia. Un sérum facial rejuvenecedor hecho con aceite de rosa mosqueta y vitamina C, por ejemplo, es una alternativa poderosa para estimular la renovación celular y combatir los radicales libres. Basta con mezclar una cucharada de aceite vegetal de rosa mosqueta con media cucharadita de vitamina C en polvo, almacenando el producto en un frasco de vidrio oscuro. Aplicado por la noche sobre el rostro limpio, el sérum ayuda en la recuperación de la firmeza y luminosidad de la piel.

Otra solución es la mascarilla facial de arcilla blanca y aloe vera, que combina dos cucharadas de arcilla con la misma cantidad de gel de aloe vera y una cucharadita de miel. Esta preparación forma una pasta cremosa, ideal para ser aplicada sobre el rostro limpio, permaneciendo durante 15 a 20 minutos antes de ser retirada con agua tibia. La arcilla, con sus propiedades purificantes, junto con la hidratación del aloe vera y la miel, proporciona una sensación de frescor y revitalización.

El crema de aguacate y aceite de argán está especialmente indicado para hidratar profundamente y restaurar la elasticidad. Preparado con un cuarto de aguacate maduro machacado, una cucharada de aceite de argán y una cucharadita de miel, debe aplicarse con movimientos suaves hasta su total absorción, ofreciendo resultados visibles con el uso regular.

Estas recetas pueden ser potenciadas por prácticas adicionales, como el masaje facial y la gimnasia para los músculos del rostro, que estimulan la circulación sanguínea y la producción de colágeno. Movimientos circulares y ascendentes, realizados diariamente, no solo tonifican la piel, sino que también ayudan a aliviar tensiones, mientras que ejercicios específicos retrasan la flacidez.

El uso continuo de cosméticos naturales, elegidos de acuerdo con las necesidades individuales, también es una manera eficaz de prolongar los resultados. Ingredientes como la rosa mosqueta, la vitamina C, el aloe vera y la arcilla blanca poseen propiedades regeneradoras y antioxidantes comprobadas, siendo aliados poderosos en el mantenimiento de la salud cutánea. Sin embargo, es fundamental buscar la orientación de un dermatólogo, que podrá evaluar la piel y sugerir estrategias personalizadas para optimizar los cuidados.

Por lo tanto, el rejuvenecimiento facial no es un evento aislado, sino un compromiso diario con la propia salud y bienestar. Al combinar hábitos saludables, tratamientos naturales y apoyo profesional, es posible no solo retrasar los signos de envejecimiento, sino también cultivar una piel radiante y llena de vitalidad, reflejando una belleza que trasciende el tiempo.

El rejuvenecimiento facial va más allá de solo preservar la apariencia joven; celebra el cuidado consigo mismo, transformando las rutinas diarias en rituales que nutren la piel y el espíritu. Al integrar soluciones naturales como mascarillas de arcilla y sérums antioxidantes a un estilo de vida equilibrado, se crea una base sólida para la salud cutánea. Estos pasos simples, pero eficaces, no solo retrasan los signos del tiempo, sino que también promueven una sensación renovada de confianza y bienestar.

La consistencia es el elemento clave en esta jornada. Elegir productos y prácticas que respeten las necesidades individuales de la piel, como masajes faciales que activan la circulación y recetas naturales repletas de nutrientes, refuerza la conexión entre el cuidado externo y el interno. Además, hábitos como la protección solar, una dieta rica en antioxidantes y la hidratación regular garantizan que cada esfuerzo sea sustentado por bases saludables y duraderas.

    La piel, a lo largo del tiempo, cuenta historias de vida, y cuidarla es un gesto de respeto por esas narrativas. Con paciencia, dedicación y elecciones conscientes, es posible crear una rutina que no solo combate los efectos del tiempo, sino que también valora la individualidad y la vitalidad que solo la experiencia puede traer. Este es el verdadero propósito del rejuvenecimiento: una piel que no solo refleja juventud, sino también equilibrio y alegría.

Capítulo 16
Protección Solar Natural

La exposición a la luz solar es una parte esencial de la vida humana, ya que desempeña un papel fundamental en la síntesis de vitamina D y contribuye al equilibrio del bienestar físico y emocional. Sin embargo, el contacto directo y prolongado con los rayos solares sin la debida protección puede desencadenar una serie de daños a la piel, que van desde quemaduras temporales hasta consecuencias más graves, como el envejecimiento prematuro y el aumento significativo en el riesgo de cáncer de piel. En este contexto, proteger la piel de forma consciente, utilizando recursos eficaces y seguros, se convierte en una prioridad indispensable para preservar tanto la salud como la apariencia a lo largo del tiempo.

La luz solar emite rayos ultravioleta (UV), clasificados en UVA y UVB, que impactan directamente la piel. Mientras que los rayos UVA penetran más profundamente, causando envejecimiento y daños acumulativos al colágeno, los UVB son los principales responsables de las quemaduras solares y mutaciones celulares que pueden llevar al cáncer. La concienciación sobre estos efectos es crucial para estimular la adopción de medidas preventivas, como el uso de barreras físicas y químicas, además de una reevaluación del papel de la cosmética natural. Ingredientes naturales con propiedades fotoprotectoras emergen como alternativas prometedoras a los productos convencionales, ofreciendo beneficios sin comprometer la salud de la piel o el medio ambiente.

Adoptar hábitos preventivos no significa solo aplicar protector solar de forma rutinaria, sino también abrazar un enfoque más amplio que incluye la elección de productos seguros, la protección mecánica, como ropa y accesorios, y la exposición moderada al sol en horarios más seguros. El foco en soluciones naturales también promueve una reconexión con ingredientes simples y eficaces, como aceites vegetales y minerales con propiedades reflectoras de UV, contribuyendo a un cuidado más consciente y sostenible. La unión de estas prácticas refuerza el compromiso con una piel sana, protegida y bien cuidada, mientras que valora la armonía entre el bienestar humano y la responsabilidad ambiental.

Proteger la piel del sol es un hábito fundamental para mantener su salud y belleza a lo largo del tiempo, especialmente en un mundo donde la exposición solar excesiva se ha convertido en una preocupación global. Mientras que los protectores solares convencionales desempeñan un papel esencial en la protección contra los rayos ultravioleta (UV), muchas fórmulas incluyen sustancias químicas que pueden causar irritaciones, desencadenar alergias o incluso afectar el medio ambiente. La cosmética natural surge como una solución sostenible y eficaz, ofreciendo alternativas seguras que utilizan ingredientes naturales con propiedades fotoprotectoras.

La importancia de la protección solar trasciende el cuidado estético, siendo un elemento esencial en la prevención de condiciones graves, como el cáncer de piel. El uso diario de protector solar, incluso en días nublados o lluviosos, reduce significativamente el riesgo de esta enfermedad, que es una de las más comunes en el mundo. Además, el envejecimiento prematuro, frecuentemente marcado por arrugas, flacidez y manchas, también puede ser evitado con la aplicación regular de productos fotoprotectores. Proteger la piel impide que los rayos UVB provoquen quemaduras solares dolorosas, mientras que los rayos UVA, que penetran más profundamente, son bloqueados, previniendo daños acumulativos al colágeno y la elastina.

Los perjuicios de la exposición solar excesiva son amplios y van más allá de lo que se puede observar superficialmente. Las quemaduras solares no solo causan enrojecimiento y dolor inmediato, sino que también aumentan el riesgo de alteraciones genéticas que pueden llevar al cáncer de piel. Manchas en la piel, como melasma o manchas seniles, frecuentemente se derivan de una exposición inadecuada al sol, así como la fotosensibilidad, que hace a la piel más vulnerable a irritaciones. Además, hay una supresión potencial del sistema inmunológico con la exposición prolongada, lo que compromete la defensa natural del cuerpo contra infecciones.

La cosmética natural ofrece soluciones innovadoras y eficaces para atender a la creciente demanda por productos que sean seguros para el consumidor y para el medio ambiente. Ingredientes como aceites vegetales y minerales desempeñan papeles cruciales en la protección contra los daños causados por la radiación UV. El aceite de coco, por ejemplo, posee un factor de protección solar (FPS) natural que varía entre 4 y 10, mientras que el aceite de semilla de frambuesa presenta un FPS impresionante, entre 28 y 50, siendo una excelente opción para aplicaciones tópicas. De la misma forma, el aceite de zanahoria, con FPS entre 38 y 40, es altamente eficaz cuando se usa en fórmulas combinadas.

Los minerales naturales, como el óxido de zinc y el dióxido de titanio, son ampliamente reconocidos por sus propiedades fotoprotectoras. Ambos forman una barrera física en la piel que refleja la radiación solar, ofreciendo amplia protección contra los rayos UVA y UVB. Sin embargo, es esencial garantizar que estos ingredientes sean utilizados en sus formas no nano, evitando su absorción por la piel y garantizando mayor seguridad.

Recetas caseras para protectores solares naturales son una forma práctica y económica de incorporar estas sustancias al día a día. Un protector solar simple puede ser preparado combinando dos cucharadas de aceite de coco, una cucharada de manteca de karité y dos cucharadas de óxido de zinc no nano particulado. La manteca de karité debe ser derretida en baño maría antes de ser mezclada con los otros ingredientes. El producto final puede ser almacenado en un recipiente limpio y seco, siendo aplicado 30 minutos antes de la exposición al sol y reaplicado cada dos horas o después de actividades como natación o sudor excesivo.

Otra opción es el protector solar hecho con aceite de semilla de frambuesa, un ingrediente de alto FPS que puede ser combinado con una cucharada de aceite de jojoba y una cucharada de óxido de zinc no nano particulado. La mezcla debe ser bien homogeneizada y aplicada de forma similar, garantizando protección eficiente y natural contra los rayos solares.

Adoptar un enfoque consciente también incluye prácticas complementarias, como el uso de ropa adecuada para bloquear la radiación UV. Sombreros de ala ancha, gafas de sol con protección UV y ropa hecha de tejidos ligeros, pero densos, ayudan a reducir la exposición directa. Además, evitar el sol en los horarios de mayor intensidad, generalmente entre las 10h y las 16h, es una estrategia importante para minimizar los riesgos.

La eficacia de cualquier rutina de protección solar depende también de cómo los productos son aplicados. El protector debe ser usado de forma generosa, cubriendo todas las áreas expuestas, y reaplicado con frecuencia. Elegir el FPS adecuado para cada tipo de piel y actividad es esencial para garantizar que la protección sea suficiente. Para quienes tienen piel muy clara o sensible, optar por un FPS más alto es recomendable, mientras que los tonos de piel más oscuros pueden beneficiarse de niveles moderados de protección.

Además, observar regularmente la piel en busca de alteraciones es un hábito esencial para la detección temprana de problemas. Manchas, lunares o lesiones que cambian de tamaño, color o forma deben ser evaluados por un dermatólogo, que también puede proporcionar orientaciones personalizadas sobre los mejores métodos de protección y cuidados específicos.

La protección solar natural no es solo una cuestión de salud, sino también una elección consciente que promueve un equilibrio entre el cuidado personal y la preservación ambiental. Al incorporar ingredientes naturales, recetas caseras y hábitos responsables, es posible no solo prevenir los daños causados por la radiación UV, sino también fomentar un estilo de vida más sostenible y armonioso. Estos cuidados, cuando son adoptados de forma consistente, garantizan no solo una piel sana y bonita, sino también un impacto positivo en el medio ambiente y en la calidad de vida.

El cuidado con la piel va más allá de la protección inmediata contra los rayos solares. Refleja un compromiso con el propio bienestar y con el ambiente en que vivimos. Al elegir soluciones naturales, estamos no solo minimizando el impacto de sustancias químicas en el cuerpo y en el ecosistema, sino también abrazando prácticas que valoran la simplicidad y la eficacia de los recursos que la naturaleza nos ofrece. Este movimiento también nos invita a reevaluar nuestros hábitos, incorporando elecciones más conscientes en nuestra rutina diaria.

La búsqueda por alternativas naturales es, al mismo tiempo, una forma de proteger la piel y de reconectarnos con la esencia del cuidado humano: respetar nuestro cuerpo y el medio ambiente. Aceites, minerales y prácticas como evitar los horarios pico del sol se convierten en aliados poderosos en la construcción de una vida más saludable y sostenible. Además, el uso de ropa y accesorios adecuados no es solo una protección física, sino un acto de respeto a la propia salud, complementando el uso de fórmulas naturales o comerciales.

Este compromiso con la protección solar natural refleja una visión más amplia de autocuidado y responsabilidad. Nos recuerda que cada decisión tiene un impacto duradero, no solo en la apariencia, sino también en la calidad de vida y en el mundo a nuestro alrededor. Al adoptar medidas preventivas con consciencia, cultivamos no solo una piel saludable, sino también una conexión más profunda con la naturaleza, integrando armonía y equilibrio en cada elección diaria.

Capítulo 17
Exfoliación Corporal

Al igual que ocurre de forma natural con el rostro, la piel del cuerpo también está sujeta a la acumulación constante de células muertas, residuos de contaminación, toxinas e impurezas que interfieren en su apariencia y salud. Cuando se descuidan, estas condiciones resultan en una piel con aspecto opaco, textura áspera y sensación de incomodidad. La exfoliación corporal, por lo tanto, surge como una práctica indispensable para promover la renovación celular, mejorar la textura de la piel y restaurar su brillo natural. Este cuidado va más allá de un simple ritual de belleza; se trata de un paso importante para la salud general de la piel, ofreciendo beneficios que se reflejan tanto en la apariencia como en el bienestar.

El proceso de exfoliación corporal permite que las capas más superficiales de la piel sean suavemente renovadas, eliminando barreras que dificultan la penetración de tratamientos cosméticos y dejando la superficie cutánea más receptiva a la hidratación. Además, la fricción de los exfoliantes estimula la circulación sanguínea local, aumentando la oxigenación y nutrición celular, lo que contribuye a una apariencia más vibrante y saludable. Para personas que enfrentan problemas como vellos encarnados, puntos negros o tendencia a la formación de espinillas, este hábito puede ayudar a prevenir inflamaciones y obstrucciones en los poros, proporcionando una piel más uniforme y libre de imperfecciones.

Optar por exfoliantes naturales añade una dimensión extra de cuidado, pues estos productos son libres de sustancias químicas agresivas que pueden causar reacciones adversas, especialmente en pieles sensibles. Ingredientes como azúcar, sal marina, café y arcillas no solo limpian la piel, sino que también ofrecen beneficios específicos, como propiedades antioxidantes y calmantes. Al integrar la exfoliación corporal en su rutina semanal, con la elección de un producto que respete las necesidades específicas de su piel, es posible alcanzar resultados que van más allá de la estética, promoviendo confort, equilibrio y vitalidad duraderos.

La práctica de la exfoliación corporal es mucho más que un simple ritual de belleza; es un cuidado esencial para la salud y vitalidad de la piel. A lo largo del tiempo, la piel del cuerpo acumula células muertas, residuos de contaminación y otras impurezas que pueden interferir en su apariencia y funcionalidad. Cuando se descuidan, estos factores resultan en una textura áspera, una apariencia opaca y una sensación de incomodidad. La exfoliación surge, entonces, como un método eficaz para remover estas barreras, estimular la renovación celular y revelar una piel más joven, uniforme y saludable.

Los beneficios de este cuidado van más allá del aspecto físico. La exfoliación corporal no solo remueve células muertas, sino que también desobstruye los poros y mejora la textura de la piel, haciéndola más receptiva a los principios activos de hidratantes y otros cosméticos. Este proceso, además de ayudar a prevenir problemas como puntos negros, espinillas y vellos encarnados, también promueve una mejor circulación sanguínea, que contribuye a la oxigenación y nutrición de las células. Como resultado, la piel gana un aspecto más vibrante, radiante y bien cuidado.

Escoger exfoliantes naturales para esta rutina añade una capa extra de cuidado, pues estos productos son formulados sin aditivos químicos agresivos que pueden causar irritaciones, especialmente en pieles sensibles. Ingredientes como azúcar, sal marina, café y arcillas son ejemplos de componentes simples, pero altamente eficaces. Cada uno de estos elementos ofrece propiedades únicas, como acción antioxidante, calmante o purificante, convirtiéndolos en aliados versátiles en la búsqueda por una piel saludable y equilibrada.

Los beneficios de la exfoliación corporal son amplios y transformadores. La renovación celular, por ejemplo, es uno de los principales objetivos de este cuidado. Al remover la capa superficial de células muertas, la exfoliación estimula la regeneración natural de la piel, revelando una superficie más lisa, uniforme y joven. Otro punto importante es la remoción de impurezas acumuladas, como oleosidad excesiva y residuos de contaminación, que pueden obstruir los poros y desencadenar inflamaciones.

Para quien sufre con vellos encarnados, la exfoliación es un paso indispensable. Al liberar los vellos presos bajo la piel, reduce la inflamación y la probabilidad de desarrollar foliculitis. Además, la textura de la piel también es visiblemente mejorada con el uso regular de exfoliantes, que dejan la superficie más suave y tersa al tacto.

La preparación de la piel para la hidratación es otro beneficio notable. Sin la barrera de las células muertas, los hidratantes y tratamientos cosméticos consiguen penetrar más profundamente, potenciando sus efectos. Como bonus, el masaje realizado durante la aplicación de los exfoliantes proporciona relajación y bienestar, transformando el cuidado en un momento placentero y revitalizante.

Los tipos de exfoliantes disponibles varían en composición y acción, permitiendo la personalización del cuidado de acuerdo con las necesidades de cada tipo de piel. Exfoliantes con gránulos naturales, como azúcar, sal marina y semillas de frutas, utilizan la fricción para remover células muertas. Los exfoliantes químicos, que contienen ácidos como glicólico o salicílico y enzimas como papaína, promueven la descamación de forma más suave y uniforme.

Escoger el exfoliante ideal depende de las características específicas de su piel. Para pieles normales, casi todos los tipos de exfoliantes son adecuados, siempre que se usen con moderación. Quien tiene piel seca debe priorizar opciones con gránulos finos e ingredientes hidratantes, como azúcar y avena. Para pieles grasas, exfoliantes con gránulos más gruesos, como sal marina y café, son ideales, pues ayudan a controlar la oleosidad excesiva. Las pieles sensibles se benefician de exfoliantes suaves, como arcilla blanca y avena, evitando sustancias químicas más agresivas.

Recetas caseras de exfoliantes corporales naturales son una forma accesible y eficaz de incorporar este cuidado a la rutina. Un exfoliante simple de azúcar y aceite de coco, por ejemplo, combina una taza de azúcar cristal con media taza de aceite de coco. Esta mezcla debe ser aplicada en el cuerpo húmedo, con movimientos circulares suaves, y enjuagada con agua tibia para revelar una piel hidratada y renovada.

Otra receta popular es el exfoliante de sal marina y aceite esencial de lavanda, hecho con una taza de sal fina, media taza de aceite vegetal de almendras dulces y diez gotas de aceite esencial de lavanda. Esta combinación no solo exfolia, sino que también relaja los sentidos, proporcionando un cuidado completo para el cuerpo y la mente.

El exfoliante de café y miel, a su vez, es ideal para quien busca propiedades antioxidantes y energizantes. Basta mezclar una taza de café molido usado con media taza de miel y un cuarto de taza de aceite de coco. La aplicación sigue el mismo principio: movimientos circulares suaves en el cuerpo húmedo, seguido de enjuague con agua tibia.

Para garantizar los mejores resultados, algunas dicas prácticas son esenciales. Comience preparando la piel con un baño tibio para humedecerla y abrir los poros. Aplique el exfoliante elegido en movimientos circulares, dando atención especial a las áreas más ásperas, como codos, rodillas y talones. Tras enjuagar bien el producto, finalice con la aplicación de un hidratante corporal natural para nutrir la piel y prolongar los beneficios de la exfoliación.

La frecuencia de este cuidado debe ser ajustada a las necesidades individuales. En general, exfoliar el cuerpo una o dos veces por semana es suficiente para mantener la piel saludable y bien cuidada, evitando la resequedad o irritaciones.

Incorporar la exfoliación corporal a la rutina no es solo un gesto de cuidado personal, sino también una oportunidad de reconectar con el propio cuerpo y con ingredientes naturales que ofrecen beneficios excepcionales. Al adoptar prácticas simples y eficaces, es posible transformar la piel, revelando su belleza natural y promoviendo un bienestar que trasciende la superficie.

Al adoptar la práctica de la exfoliación corporal, no solo cuidamos la piel, sino también creamos un momento de conexión con nosotros mismos, un instante dedicado a la renovación y al autocuidado. Este ritual, que combina técnicas simples con la utilización de ingredientes naturales, estimula la sensación de confort y equilibrio, reforzando la importancia de pequeños gestos que pueden transformar nuestra rutina. El impacto positivo va más allá de lo físico, pues la suavidad de la piel revitalizada también refleja un bienestar emocional, promovido por la atención dedicada a este proceso.

La diversidad de opciones para la exfoliación corporal permite que cada persona encuentre el enfoque más adecuado a sus necesidades. Sea por medio de recetas caseras o productos listos para usar, los exfoliantes tienen el poder de adaptarse al estilo de vida y a las preferencias individuales, haciendo la práctica accesible y personalizada. Este cuidado también nos incentiva a reflexionar sobre la sostenibilidad de nuestras elecciones, buscando alternativas que respeten tanto el cuerpo como el medio ambiente.

Así, la exfoliación corporal se establece como más que un simple paso en una rutina de belleza; se convierte en un hábito transformador que alia salud, estética y placer. A cada nueva aplicación, la piel es renovada y revitalizada, mientras el individuo se redescubre en un momento de pausa y cuidado. Esta práctica simple, pero significativa, es un recordatorio de que el autocuidado es una forma de amor propio que beneficia no solo al cuerpo, sino también a la mente y al espíritu.

Capítulo 18
Hidratación Corporal

La hidratación corporal es uno de los pilares más importantes para el mantenimiento de la salud y la apariencia de la piel, garantizando que permanezca protegida, flexible y con una textura agradable. La piel desempeña un papel vital como barrera protectora del cuerpo, pero su exposición constante a factores ambientales, como clima seco, contaminación y radiación solar, puede comprometer sus funciones y llevar a la pérdida de agua y nutrientes esenciales. Cuando está adecuadamente hidratada, la piel presenta mayor resistencia a estas agresiones, además de un aspecto naturalmente saludable y radiante.

La reposición de hidratación ayuda a reforzar la capa protectora de la piel, restaurando su elasticidad y previniendo molestias como resequedad y picazón. Además, una piel bien hidratada refleja mejor la luz, resultando en un brillo natural que evidencia su vitalidad. Sin embargo, la hidratación eficaz no se limita a la aplicación de productos tópicos; también exige atención al consumo de agua y nutrientes que favorecen la salud de la piel desde adentro hacia afuera. Así, la combinación de cuidados internos y externos constituye la base para una piel equilibrada y resistente a las condiciones adversas del día a día.

Escoger productos hidratantes naturales es una manera de ofrecer a la piel el soporte necesario sin exponerla a sustancias químicas potencialmente perjudiciales. Ingredientes como aceites vegetales y mantecas naturales son altamente nutritivos y tienen propiedades que van más allá de la hidratación, auxiliando en la regeneración celular y en la protección contra el envejecimiento prematuro. Incorporar estos cuidados a la rutina diaria permite no solo preservar la integridad de la piel, sino también crear momentos de autocuidado que benefician tanto al cuerpo como a la mente.

La hidratación corporal es uno de los fundamentos más importantes para garantizar la salud y la belleza de la piel, permitiéndole mantener su función protectora y una apariencia radiante. La piel, como el mayor órgano del cuerpo humano, desempeña un papel crucial en la defensa contra agentes externos, pero está constantemente expuesta a factores ambientales que pueden comprometer su integridad. Clima seco, contaminación, radiación solar e incluso hábitos cotidianos, como baños calientes y el uso de jabones agresivos, contribuyen a la pérdida de agua y nutrientes esenciales. Cuando está debidamente hidratada, la piel no solo resiste mejor a estos desafíos, sino que también exhibe elasticidad, suavidad y luminosidad naturales.

La hidratación eficaz va más allá del simple acto de aplicar cremas y aceites en la piel. Implica un cuidado integrado, que combina la ingestión adecuada de líquidos y nutrientes con la elección de productos que complementen las necesidades individuales. Una piel bien hidratada refleja más luz, destacándose por la vitalidad y suavidad. Además, la hidratación adecuada restaura la elasticidad, previene molestias como resequedad y picazón, y protege contra el envejecimiento prematuro, contribuyendo a una apariencia joven y saludable.

Entre los muchos factores que afectan la hidratación de la piel, el uso de cosméticos naturales es una elección que beneficia tanto la salud como el medio ambiente. Ingredientes como aceites vegetales, mantecas naturales y extractos botánicos son ricos en nutrientes, vitaminas y antioxidantes, ofreciendo hidratación profunda y protección contra agresiones externas. Al optar por estos elementos, se evitan los riesgos asociados a compuestos químicos que pueden causar irritación o alergias, especialmente en pieles más sensibles.

La importancia de la hidratación corporal va más allá de su dimensión estética. Una piel hidratada mantiene la integridad de la barrera cutánea, esencial para proteger contra microorganismos, contaminación y radiación solar. Además, la hidratación previene la resequedad, que puede llevar a la aspereza, descamación e incomodidad. La elasticidad de la piel también se ve favorecida, haciéndola más resistente a la aparición de estrías y flacidez. Como beneficio adicional, la hidratación auxilia en la renovación celular, contribuyendo a una piel rejuvenecida y con textura uniforme.

Sin embargo, factores como baños calientes y prolongados, jabones agresivos, exposición solar excesiva, clima seco y uso prolongado de aire acondicionado son grandes enemigos de la hidratación. Con el envejecimiento, la producción natural de oleosidad por la piel disminuye, agravando aún más la resequedad. Para mitigar estos efectos, es fundamental adoptar hábitos saludables, como evitar baños calientes, usar jabones suaves y mantener una alimentación rica en nutrientes y antioxidantes.

Los hidratantes corporales naturales ofrecen una solución eficaz y nutritiva para restaurar y preservar la hidratación de la piel. Aceites vegetales como el de coco, almendras dulces, argán y rosa mosqueta son ricos en ácidos grasos y vitaminas, proporcionando hidratación profunda y regeneración celular. Mantecas naturales, como las de karité, cacao y cupuaçu, poseen textura cremosa y ofrecen hidratación intensa, siendo especialmente indicadas para pieles secas o resecas. El aloe vera, a su vez, combina propiedades hidratantes, calmantes y cicatrizantes, convirtiéndose en una excelente elección para pieles sensibles o irritadas. Hidrolatos, como agua de rosas y lavanda, también tienen propiedades tonificantes y calmantes, siendo ideales para hidratación leve.

Las recetas caseras de hidratantes naturales son simples y eficaces. Una loción hecha con gel de aloe vera y aceite de coco, por ejemplo, combina la hidratación intensa con propiedades calmantes. Basta mezclar media taza de gel de aloe vera con un cuarto de taza de aceite de coco hasta formar una loción homogénea, que puede ser aplicada en la piel húmeda después del baño, garantizando rápida absorción y suavidad duradera.

Otra receta es la crema hidratante de manteca de karité y aceite de almendras dulces. Para prepararla, derrita media taza de manteca de karité en baño maría y añada un cuarto de taza de aceite de almendras dulces. Para un toque relajante, es posible agregar diez gotas de aceite esencial de lavanda. Esta crema es ideal para nutrir profundamente pieles resecas, dejándolas suaves y renovadas.

Para optimizar los beneficios de la hidratación corporal, algunas prácticas son indispensables. Beber al menos dos litros de agua al día es esencial para mantener la piel hidratada desde adentro hacia afuera. Baños tibios y rápidos ayudan a preservar la oleosidad natural de la piel, así como el uso de jabones neutros o levemente ácidos. La aplicación de hidratantes debe ser realizada inmediatamente después del baño, con la piel aún húmeda, para maximizar la absorción y sellar la humedad. Además, exfoliar la piel semanalmente remueve células muertas y mejora la penetración de los productos hidratantes.

El uso de ropa cómoda, hecha de algodón, permite que la piel respire y evita la acumulación de sudor, que puede agravar la resequedad. Proteger la piel del sol con protectores solares a diario es otra medida indispensable para evitar la deshidratación causada por la radiación UV.

La hidratación corporal es, por lo tanto, un cuidado indispensable para mantener la piel joven, tersa y saludable. Incorporar estos hábitos a la rutina diaria, utilizando productos naturales y priorizando un enfoque holístico, proporciona no solo beneficios para la piel, sino también una oportunidad de autocuidado y conexión con el propio cuerpo. De esta forma, es posible cultivar una piel suave, radiante y resistente a las adversidades del día a día, reflejando equilibrio y bienestar.

La práctica de la hidratación corporal no solo preserva la salud de la piel, sino que también eleva la experiencia del autocuidado a un nivel más profundo. Al dedicar momentos para aplicar lociones o aceites con atención y delicadeza, se crea un espacio de pausa en medio de las exigencias cotidianas, fortaleciendo la relación entre cuerpo y mente. Este ritual simple nos invita a valorar el tacto y la presencia, haciendo del cuidado diario una oportunidad para renovar energías y cultivar el bienestar integral.

Además de los beneficios inmediatos, la hidratación promueve un ciclo virtuoso que impacta a largo plazo. Una piel nutrida adecuadamente enfrenta mejor las variaciones climáticas y el envejecimiento natural, permaneciendo resistente y con una apariencia luminosa. Este cuidado regular fortalece la barrera protectora de la piel, permitiéndole cumplir su función esencial de proteger al cuerpo contra agresiones externas, mientras se mantiene suave y confortable al tacto.

Al integrar la hidratación corporal a la rutina, sea por medio de productos naturales o técnicas caseras, abrimos espacio para un estilo de vida más consciente y armonioso. Este hábito diario, aunque simple, es capaz de transformar la relación con la propia piel, reflejando no solo en su apariencia, sino también en una sensación duradera de equilibrio y serenidad. De esta forma, cuidar del cuerpo se convierte en un acto de cariño consigo mismo, trayendo a la luz el brillo que viene de adentro.

Capítulo 19
Celulitis: Tratamiento Natural

La celulitis es una condición estética ampliamente conocida que resulta de la interacción entre factores internos y externos que afectan la estructura de la piel y del tejido subcutáneo. Caracterizada por ondulaciones y depresiones en la piel, surge debido a la acumulación irregular de grasa, líquidos y toxinas en las capas más profundas de la piel, lo que compromete la apariencia uniforme. A pesar de ser más prevalente en mujeres, debido a las diferencias en la anatomía del tejido conjuntivo y a los efectos de las hormonas femeninas, la celulitis también puede manifestarse en hombres, especialmente en casos relacionados con el aumento de peso o desequilibrios hormonales.

Comprender las causas subyacentes a la celulitis es esencial para buscar soluciones eficaces y sostenibles. Los factores hormonales, especialmente los niveles elevados de estrógeno, desempeñan un papel significativo al influir en la retención de líquidos, la circulación sanguínea y el almacenamiento de grasa. Además, cuestiones genéticas, hábitos alimenticios inadecuados, sedentarismo e incluso el estrés pueden intensificar la manifestación de la celulitis a lo largo del tiempo. Esta condición no es solo el resultado de un único elemento, sino de una compleja interacción entre predisposiciones naturales y elecciones de estilo de vida.

La adopción de métodos naturales para combatir la celulitis ha demostrado ser un enfoque prometedor y holístico, alineado con la búsqueda de alternativas más saludables y sostenibles. Al priorizar ingredientes con propiedades drenantes, antioxidantes y reafirmantes, como cafeína, centella asiática y aceites esenciales, es posible estimular la circulación, reducir la retención de líquidos y fortalecer el tejido conjuntivo. Cuando se combinan con una rutina de ejercicios físicos, alimentación balanceada y técnicas como el drenaje linfático, estos tratamientos naturales no solo ayudan a minimizar la celulitis, sino que también promueven mejoras en la salud general de la piel, resultando en una apariencia más firme, uniforme y revitalizada.

La celulitis, una condición estética ampliamente conocida, refleja una compleja interacción entre factores internos y externos que afectan la estructura de la piel y del tejido subcutáneo. Aunque no representa un problema de salud grave, puede impactar la autoestima y el bienestar de muchas personas. Caracterizada por ondulaciones y depresiones en la piel, la celulitis resulta de una combinación de retención de líquidos, acumulación de grasa y toxinas en las capas más profundas de la piel. Estos factores, sumados a alteraciones en la estructura del tejido conjuntivo, comprometen la apariencia uniforme de la piel.

Aunque más común en mujeres, debido a las diferencias hormonales y anatómicas, la celulitis también puede ocurrir en hombres, principalmente en casos asociados a aumento de peso o desequilibrios hormonales. El enfoque natural para tratar esta condición no solo ayuda a minimizar su impacto visual, sino que también promueve mejoras en la salud general de la piel y del cuerpo.

Comprender las causas de la celulitis es un paso fundamental para lidiar con ella de forma eficaz. Los factores hormonales desempeñan un papel significativo en este proceso, especialmente los niveles elevados de estrógeno, que pueden intensificar la retención de líquidos, comprometer la circulación sanguínea y estimular la acumulación de grasa. Además, los factores genéticos influyen en la predisposición individual, afectando la estructura de la piel y la distribución de grasa. La mala circulación, los hábitos alimenticios inadecuados, el sedentarismo, el tabaquismo e incluso el estrés contribuyen al agravamiento de esta condición.

La gravedad de la celulitis varía en grados. En el grado 1, es visible solo al comprimir o contraer la piel. En el grado 2, las ondulaciones ya son perceptibles a simple vista. En el grado 3, las irregularidades se vuelven más pronunciadas, con depresiones más profundas, y en el grado 4, hay ondulaciones severas, frecuentemente acompañadas de dolor y sensibilidad al tacto. Identificar el grado de celulitis es esencial para dirigir las estrategias de tratamiento más adecuadas.

El enfoque natural para el tratamiento de la celulitis ha demostrado ser prometedor, proporcionando soluciones sostenibles y holísticas. El uso de cosméticos naturales con propiedades drenantes, reafirmantes y activadoras de la circulación es una estrategia eficaz. Ingredientes como cafeína, centella asiática, aceite esencial de romero y aceite esencial de naranja poseen propiedades comprobadas que ayudan a combatir la celulitis. Además, el consumo de una dieta balanceada, rica en frutas, verduras, granos integrales y proteínas magras, también desempeña un papel crucial en la reducción de la celulitis, mientras que los alimentos procesados, ricos en sodio, azúcar y grasa, deben ser evitados.

La práctica regular de ejercicios físicos es otro componente esencial. Actividades como caminar, correr, nadar y musculación ayudan a mejorar la circulación sanguínea, quemar calorías y fortalecer los músculos, reduciendo la acumulación de grasa subcutánea. La hidratación adecuada, a su vez, es indispensable para eliminar toxinas y prevenir la retención de líquidos, mientras que técnicas como el drenaje linfático y el masaje modelador complementan el tratamiento, estimulando la circulación y promoviendo la eliminación de líquidos y toxinas.

Entre las recetas naturales para tratar la celulitis, destaca la crema anticelulítica de cafeína y centella asiática. Para prepararla, basta derretir media taza de manteca de karité en baño maría, añadir un cuarto de taza de aceite de coco, una cucharada de extracto de centella asiática y dos cucharaditas de cafeína anhidra. La mezcla debe ser almacenada en un recipiente limpio y aplicada en las áreas afectadas dos veces al día, con masajes en movimientos circulares.

Otra opción eficaz es el aceite de masaje anticelulítico de romero y naranja. Este aceite combina media taza de aceite de almendras dulces con 10 gotas de aceite esencial de romero y 10 gotas de aceite esencial de naranja dulce. Después de mezclar bien los ingredientes, el aceite debe ser almacenado en un frasco oscuro y usado para masajes diarios en las áreas con celulitis.

La mascarilla corporal anticelulítica de arcilla verde y jengibre también es una excelente alternativa. Mezcla dos cucharadas de arcilla verde con una cucharada de jengibre rallado y agua filtrada hasta formar una pasta cremosa. Aplica la mascarilla en las áreas afectadas, deja actuar por 20 minutos y enjuaga con agua tibia. Esta combinación promueve la desintoxicación y la mejora de la textura de la piel.

Para maximizar los resultados, algunas prácticas adicionales deben ser incorporadas. Controlar el estrés, evitar el tabaquismo y mantener la paciencia y la persistencia son fundamentales. El tratamiento de la celulitis requiere tiempo y dedicación, pero la adopción de un enfoque holístico, que incluya cuidados internos y externos, puede transformar la apariencia de la piel y mejorar la autoestima.

Así, combatir la celulitis de manera natural es más que un acto de autocuidado; es un compromiso con el bienestar general. Al aliar hábitos saludables a productos naturales y prácticas eficaces, es posible alcanzar una piel más uniforme, firme y revitalizada, reflejando salud, equilibrio y confianza.

Tratar la celulitis de forma natural es un viaje que va más allá de la estética, pues abarca una transformación en el estilo de vida y en la relación con el propio cuerpo. La dedicación a prácticas saludables, como la alimentación balanceada, el ejercicio físico regular y la hidratación, no solo reduce los signos de la celulitis, sino que también promueve un bienestar duradero e integral. Este cuidado diario refuerza la conexión entre la salud interna y la apariencia externa, fortaleciendo la autoestima y la confianza.

El uso de tratamientos caseros y cosméticos naturales, aliados a técnicas como masajes y drenaje linfático, potencializa los resultados, ofreciendo alternativas accesibles y eficaces. Estas prácticas valoran el poder de los ingredientes naturales y de la simplicidad, demostrando que el cuidado con el cuerpo puede ser sostenible y gentil. Además, estos momentos de autocuidado proporcionan relajación y alivio del estrés, reforzando la importancia de cuidar no solo de la piel, sino también del equilibrio emocional.

Al integrar estas estrategias naturales en la rutina, es posible percibir cambios significativos en la textura y firmeza de la piel. La persistencia y el compromiso con este proceso reflejan la dedicación a un enfoque holístico y consciente de salud y belleza. Más que un tratamiento, esta práctica se convierte en un acto de cariño y respeto por sí mismo, revelando una piel revitalizada que refleja la fuerza y el cuidado que vienen de dentro.

Capítulo 20
Estrías: Prevención y Tratamiento

Las estrías son marcas que reflejan el proceso de adaptación de la piel a cambios bruscos o significativos en su estructura, resultando de la ruptura de las fibras de colágeno y elastina, que garantizan su elasticidad. Cuando se somete a estiramientos excesivos o rápidos, como los que ocurren en periodos de crecimiento acelerado, embarazo o aumento de peso, la piel puede no conseguir acompañar estas transformaciones, generando las características líneas que inicialmente aparecen rojizas o moradas y, con el tiempo, se vuelven más claras. Aunque no presentan riesgos directos a la salud, las estrías pueden causar incomodidad estética e impacto emocional, siendo común la búsqueda de soluciones que minimicen su apariencia.

La prevención de las estrías es un cuidado esencial que comienza con el mantenimiento de la salud de la piel. Esto incluye una hidratación continua, tanto mediante el consumo adecuado de agua como por la aplicación de productos tópicos ricos en ingredientes nutritivos y regeneradores, como aceites vegetales y mantecas naturales. Estos elementos ayudan a preservar la elasticidad de la piel y a protegerla contra los impactos de los cambios corporales. Además, una alimentación equilibrada, rica en vitaminas, minerales y antioxidantes, también contribuye a fortalecer la estructura de la piel, reduciendo el riesgo de ruptura de las fibras.

Cuando las estrías ya están presentes, el enfoque natural ofrece soluciones que buscan mejorar su apariencia al estimular la regeneración de la piel. Ingredientes como el aceite de rosa mosqueta, la manteca de karité y el aloe vera poseen propiedades reparadoras e hidratantes que ayudan a suavizar la textura y a uniformizar el tono de la piel. Aliados a masajes regulares, que activan la circulación sanguínea y promueven la absorción de los productos, estos tratamientos pueden reducir significativamente la visibilidad de las estrías. Esta combinación de cuidados preventivos y reparadores refuerza la importancia de una rutina dedicada y consciente para alcanzar una piel más saludable, uniforme y resiliente.

Las estrías son marcas que simbolizan la capacidad de adaptación de la piel frente a cambios abruptos en su estructura. Estas líneas, que pueden variar de tonos rojizos y morados al inicio a blanquecinos con el tiempo, resultan de la ruptura de las fibras de colágeno y elastina, responsables de la elasticidad y firmeza de la piel. Frecuentemente asociadas a periodos de crecimiento rápido, como la pubertad, el embarazo o el aumento repentino de peso, las estrías no presentan riesgos a la salud, pero pueden generar incomodidad estética y emocional, motivando la búsqueda de soluciones preventivas y reparadoras.

La prevención de las estrías es el enfoque más eficaz para minimizar su aparición e implica un cuidado constante con la salud de la piel. La hidratación es el primer paso esencial, tanto mediante el consumo adecuado de agua como de la aplicación de productos ricos en aceites vegetales y mantecas naturales, como aceite de coco, rosa mosqueta y manteca de karité. Estos ingredientes promueven la nutrición profunda y la elasticidad, ayudando a la piel a lidiar mejor con los estiramientos. Además, una dieta equilibrada, rica en vitaminas C y E, zinc y antioxidantes, fortalece la estructura de la piel y contribuye a su regeneración natural.

Las estrías se forman, en gran parte, debido al estiramiento de la piel más allá de su capacidad de adaptación. En la adolescencia, por ejemplo, el crecimiento acelerado puede generar estas marcas en regiones como muslos, caderas y senos. Durante el embarazo, el abdomen, las caderas y los senos son áreas particularmente propensas debido al rápido aumento de volumen. Las alteraciones hormonales, como las que ocurren en la pubertad, menopausia o incluso como consecuencia de medicamentos como corticoides, también desempeñan un papel importante, afectando la elasticidad de la piel y aumentando su susceptibilidad a las rupturas.

La predisposición genética es otro factor que influye directamente en el riesgo de desarrollar estrías. Las personas con historial familiar son más propensas a presentarlas, así como las mujeres, debido a las diferencias hormonales y estructurales de la piel.

Además, los cambios hormonales asociados al embarazo o al uso de medicamentos específicos pueden agravar el problema. La edad también desempeña un papel, siendo la adolescencia y el embarazo los periodos más críticos para la aparición de estas marcas.

Cuando las estrías ya están presentes, el tratamiento natural surge como una alternativa eficaz para suavizar su apariencia. Aceites vegetales como el de rosa mosqueta, rico en vitamina C y ácidos grasos, poseen propiedades regeneradoras que ayudan a uniformizar el tono de la piel y a reducir la visibilidad de las marcas. El aceite de coco y la manteca de karité, a su vez, ofrecen hidratación profunda y promueven la elasticidad, esenciales para la recuperación del tejido afectado. El aloe vera combina propiedades calmantes y cicatrizantes, auxiliando en la regeneración y en la reducción de la inflamación.

El masaje regular en las áreas afectadas es un elemento clave en el tratamiento de estrías. Al activar la circulación sanguínea y mejorar la absorción de los productos, potencializa los efectos de los ingredientes aplicados y estimula la producción de colágeno, esencial para la regeneración de la piel. Esta práctica, junto al uso consistente de productos naturales, puede generar mejoras significativas en la textura y el aspecto de la piel.

Las recetas caseras ofrecen opciones accesibles y eficaces para lidiar con las estrías. Un aceite natural para estrías, hecho con 30 ml de aceite de rosa mosqueta, 10 ml de aceite de almendras dulces y el contenido de una cápsula de vitamina E, es un ejemplo. Basta mezclar los ingredientes y aplicarlos en las áreas afectadas, masajeando suavemente dos veces al día. Este aceite combina propiedades regeneradoras, antioxidantes e hidratantes, promoviendo la renovación celular y la uniformidad del tono de la piel.

Otra alternativa es la crema para estrías de manteca de karité y aloe vera. Derrite un cuarto de taza de manteca de karité en baño maría y mezcla con un cuarto de taza de gel de aloe vera y, opcionalmente, 10 gotas de aceite esencial de lavanda. Después de mezclar bien, aplica la crema en las estrías con masajes suaves, dos veces al día. Esta fórmula une hidratación intensa y propiedades calmantes, auxiliando en la recuperación de la piel.

La prevención y el tratamiento de las estrías exigen consistencia y paciencia. Además de mantener la piel hidratada diariamente con productos ricos en nutrientes, es importante adoptar hábitos saludables, como la práctica regular de ejercicio físico y una alimentación equilibrada. El control del peso, evitando variaciones bruscas, también es esencial para reducir el estiramiento de la piel y prevenir nuevas marcas.

Sin embargo, es importante reconocer que el proceso de tratamiento de las estrías no trae resultados inmediatos. La regeneración de la piel es gradual, y los cuidados continuos son indispensables para alcanzar una mejora visible. Consultar a un dermatólogo en casos más severos o extensos puede ser necesario, garantizando la elección de los enfoques más adecuados para cada situación.

Al adoptar una rutina dedicada, que incluya prevención y tratamiento con productos naturales y hábitos saludables, es posible minimizar significativamente la apariencia de las estrías y promover una piel más uniforme y resiliente. Este cuidado también contribuye al fortalecimiento de la autoestima y a una relación más positiva con el propio cuerpo, reflejando salud y confianza en cada detalle.

Las estrías, aunque naturales y comunes, cargan historias de cambios y adaptaciones del cuerpo, siendo muchas veces vistas como marcas de transformación. La prevención y el cuidado son aliados esenciales para mantener la piel sana y minimizar estas marcas, pero también es importante reconocer que cada línea forma parte de la individualidad de cada persona. Adoptar un enfoque equilibrado y amable en relación con el propio cuerpo es tan fundamental como los tratamientos que buscan mejorar su apariencia.

El uso de tratamientos naturales, junto a la paciencia y la consistencia, puede traer resultados significativos en la textura y uniformidad de la piel. Cada masaje con aceites regeneradores, cada aplicación de una crema nutritiva es un gesto de autocuidado que refuerza la relación positiva con el propio cuerpo. La combinación de ingredientes poderosos de la naturaleza y hábitos saludables crea una base sólida para una piel resiliente, con elasticidad renovada y apariencia revitalizada.

Cuidar de las estrías es más que buscar resultados estéticos; es también una oportunidad de fortalecer la autoestima y de celebrar los cambios que moldean quiénes somos. Ya sea al prevenir nuevas marcas o tratar las existentes, este proceso simboliza una jornada de cuidado con el cuerpo y consigo mismo. Al unir práctica y aceptación, es posible alcanzar no solo una piel más saludable, sino también una relación más armoniosa y confiada con la propia imagen.

Capítulo 21
Baños Terapéuticos

Los baños terapéuticos se revelan como prácticas profundamente transformadoras, que combinan la sabiduría ancestral con el potencial restaurador del agua y los elementos naturales. Lejos de ser meras acciones rutinarias, estos baños constituyen momentos sagrados de autocuidado y renovación, en los que cuerpo y mente se encuentran en perfecta sintonía. Combinando hierbas, flores y aceites esenciales, cada inmersión se convierte en una experiencia sensorial única, capaz de proporcionar beneficios que trascienden lo físico y alcanzan lo emocional y lo espiritual. Actúan como portales de curación, trayendo equilibrio energético, bienestar y una invitación al autoconocimiento.

El agua, elemento fundamental de la vida, adquiere un significado simbólico y terapéutico aún más profundo cuando se enriquece con las propiedades de las plantas. Cada ingrediente natural contribuye con cualidades específicas que, cuando se unen al calor y al flujo del líquido, intensifican su poder de curación y regeneración. Ya sea para aliviar dolores musculares, promover la hidratación de la piel o restaurar el vigor mental, los baños terapéuticos ofrecen soluciones holísticas para las demandas de una vida moderna repleta de estrés y desafíos. Así, se convierten en aliados indispensables para quienes buscan un enfoque integrado de salud y bienestar.

Al incorporar los baños terapéuticos en su rutina, no solo está cuidando del cuerpo, sino también dedicando un tiempo precioso para nutrir el alma. A través del aroma envolvente de los aceites esenciales, del toque suave de los pétalos y del agua que abraza, se crea un espacio de profunda conexión interior. Este acto de presencia y atención consigo mismo permite que cada inmersión sea más que un simple ritual de relajación: se transforma en un camino de reconexión y revitalización, esencial para afrontar los desafíos diarios con equilibrio, energía y serenidad.

Mucho más allá de la simple higiene, los baños terapéuticos ofrecen una invitación al autocuidado profundo, proporcionando un momento de conexión íntima consigo mismo. Permiten que el cuerpo encuentre alivio para las tensiones acumuladas, mientras que la mente se envuelve en una atmósfera de calma y serenidad. Cada inmersión es una oportunidad para alinear cuerpo, mente y espíritu, beneficiándose de las propiedades terapéuticas de las plantas en sinergia con el poder regenerador del agua.

Los beneficios que los baños terapéuticos proporcionan van mucho más allá del simple relax. El agua tibia actúa como un medio natural para aliviar el estrés, permitiendo que los músculos se suelten y que las preocupaciones del día a día desaparezcan, aunque sea temporalmente. Las hierbas y los aceites esenciales amplifican esta experiencia, creando una sensación de bienestar que perdura después del baño. Imagine el agua envolviendo el cuerpo mientras los aromas sutiles y reconfortantes de lavanda o manzanilla calman los sentidos y promueven una tranquilidad rara en los días agitados.

Otro aspecto que merece destacarse es el impacto positivo de los baños terapéuticos en la circulación sanguínea. La temperatura del agua y los efectos estimulantes de ingredientes como el romero ayudan a dilatar los vasos sanguíneos, promoviendo una circulación más eficiente y la oxigenación de los tejidos. Esto resulta en una sensación de revitalización que energiza el cuerpo y la mente, preparándolo para los desafíos del día a día.

Además, los dolores musculares y articulares encuentran alivio en las propiedades analgésicas y antiinflamatorias de hierbas específicas. Ingredientes como el eucalipto y la caléndula ayudan a reducir las molestias físicas, al mismo tiempo que promueven la relajación y el bienestar general. Para quienes buscan alivio de tensiones físicas, estos baños son una solución natural y eficaz.

La purificación y la desintoxicación del cuerpo también son ampliamente favorecidas por los baños terapéuticos. La combinación de sales marinas o del Himalaya con aceites esenciales puede ayudar a eliminar toxinas a través de la sudoración, al mismo tiempo que el agua hidrata profundamente la piel, dejándola suave, revitalizada y radiante.

No menos importante, los baños terapéuticos también desempeñan un papel esencial en el equilibrio energético del cuerpo. Ingredientes como rosas y hierba limón ayudan en la armonización de los chakras, creando un espacio de bienestar integral que trasciende lo físico y alcanza lo emocional y lo espiritual. La práctica de la aromaterapia, presente en la utilización de los aceites esenciales, complementa este equilibrio al traer beneficios emocionales a través de los aromas que estimulan sensaciones de confort, energía o tranquilidad.

La preparación de los baños terapéuticos es un ritual en sí mismo, que puede personalizarse de acuerdo con las necesidades y preferencias. La infusión de hierbas, por ejemplo, es una técnica simple y eficaz: basta con colocar las hierbas o flores en agua hirviendo, tapar el recipiente y dejar reposar durante 15 a 20 minutos antes de colar y añadir al agua del baño. La decocción está indicada para ingredientes más resistentes, como raíces o cortezas, que necesitan hervirse durante 10 a 15 minutos para liberar sus propiedades. Ambas técnicas capturan lo mejor de los ingredientes naturales, garantizando que el baño sea rico en beneficios.

Las sales de baño son otra opción popular y versátil. Al mezclar sal marina o sal rosa del Himalaya con hierbas secas y aceites esenciales, se crea una combinación poderosa que purifica, relaja y desintoxica el cuerpo. Por último, la simplicidad de los aceites esenciales no debe subestimarse: unas gotas directamente en el agua del baño transforman el momento en una experiencia sensorial completa.

Cada ingrediente natural tiene su contribución única. La lavanda, por ejemplo, es conocida por sus propiedades relajantes y por ayudar en el combate al estrés y al insomnio. La manzanilla, además de calmante, es un excelente antiinflamatorio que también alivia irritaciones en la piel. El romero, por otro lado, estimula la circulación y revitaliza el cuerpo, mientras que el eucalipto es ideal para descongestionar las vías respiratorias, siendo un aliado en periodos de gripe o resfriado. Las rosas promueven el amor propio y la autoestima, convirtiendo cada baño en un momento de autovaloración.

Las recetas para los baños terapéuticos son variadas y pueden adaptarse. Un baño relajante de lavanda, por ejemplo, requiere solo flores de lavanda secas y agua hirviendo para crear una infusión que, añadida al agua del baño, ofrece 20 a 30 minutos de puro relax. El baño energizante de romero utiliza hojas frescas y una decocción para estimular los sentidos y revigorizar el cuerpo. Para una desintoxicación profunda, la mezcla de sal marina con aceite esencial de eucalipto crea una experiencia renovadora que combina purificación y relajación muscular.

Para maximizar los beneficios, la preparación del ambiente es fundamental. La luz suave de las velas, una música relajante y el aroma delicado de inciensos transforman el espacio en un refugio de paz. La temperatura del agua debe ser agradable, acogedora, sin extremos, mientras que la permanencia en el baño, de 20 a 30 minutos, garantiza la absorción de todos los beneficios terapéuticos. Después del baño, es importante hidratar la piel con un aceite vegetal o crema natural, preservando la suavidad y el cuidado proporcionados por la práctica.

La frecuencia de los baños terapéuticos puede variar según las necesidades individuales, pero incluir este hábito al menos una vez por semana es suficiente para mantener el cuerpo y la mente en equilibrio. Para momentos de mayor tensión, una inmersión puede ser el gesto necesario para restaurar la serenidad.

Los baños terapéuticos, por lo tanto, no son solo un ritual de autocuidado, sino una verdadera práctica de bienestar integral. Incorporarlos a la rutina es crear un momento especial de conexión consigo mismo, aliviando el estrés, promoviendo la armonía y revitalizando el ser en todos los niveles.

La práctica de los baños terapéuticos trasciende la idea de una simple técnica, transformándose en un acto de celebración del propio ser. Al sumergirse en aguas enriquecidas con ingredientes naturales, permitimos que las propiedades curativas de estos elementos nos envuelvan, trayendo un equilibrio profundo que reverbera en todos los aspectos de la vida. Es en ese instante que el tiempo parece desacelerar, y el simple acto de cuidar de sí mismo se convierte en una manifestación de amor y respeto por la propia existencia.

El poder regenerador de estos baños está directamente ligado a la intención con la que se realizan. Cada detalle, desde la elección de las hierbas hasta el cuidado con la atmósfera del ambiente, contribuye a una experiencia única. Más que aliviar tensiones o revigorizar el cuerpo, se trata de una oportunidad de reconexión con nuestra esencia, un momento en que nos permitimos escuchar las necesidades de nuestro cuerpo y corazón en medio del ruido del día a día. Este retorno al estado natural de equilibrio nos recuerda que la verdadera curación comienza de dentro hacia afuera.

Al final de cada inmersión, es como si el agua no solo se llevara las impurezas y el cansancio, sino que también nos devolviera más enteros, ligeros y preparados para encarar la vida con nuevos ojos. Así, los baños terapéuticos no son meros rituales; son portales de transformación, donde el cuidado con el cuerpo y el espíritu se entrelazan, dejando marcas que resuenan mucho más allá del instante.

Capítulo 22
Desintoxicación Corporal

La desintoxicación corporal emerge como un proceso esencial para restaurar la armonía del organismo en un mundo cada vez más saturado por toxinas. Constantemente expuesto a la contaminación, alimentos industrializados y estresores del día a día, el cuerpo humano acumula sustancias perjudiciales que comprometen sus funciones vitales. Esta acumulación puede causar fatiga, problemas de piel, dificultades digestivas y una serie de otros síntomas que reflejan un desequilibrio interno. Promover la desintoxicación es, por lo tanto, un camino natural y poderoso para revitalizar el cuerpo, aumentar la energía y fortalecer la inmunidad, resultando en un organismo más saludable y una mente más clara.

Este proceso va más allá de medidas puntuales, involucrando cambios significativos en el estilo de vida. Al priorizar una alimentación rica en nutrientes, hidratarse adecuadamente e integrar prácticas como ejercicios físicos y meditación, es posible potenciar la capacidad natural del cuerpo de eliminar impurezas. Además, métodos específicos, como jugos detox, tés y saunas, estimulan directamente los sistemas excretores, ayudando al hígado, los riñones y el intestino en sus funciones. Cada paso dado en este camino de desintoxicación es también un acto de autocuidado, promoviendo no solo la salud física, sino también el bienestar emocional.

La adopción de una rutina regular de desintoxicación es una oportunidad de reconexión con el propio cuerpo, permitiéndole funcionar en su estado ideal. Este cuidado preventivo ayuda a equilibrar los niveles de energía, mejorar la calidad del sueño y fortalecer el sistema inmunológico, protegiendo contra enfermedades. Más que eso, se refleja externamente, con una piel más luminosa y tersa, e internamente, con mayor claridad mental y disposición. Al incorporar estas prácticas de manera consciente y personalizada, no solo purificas tu organismo, sino que creas una base sólida para vivir de forma más saludable y plena.

La desintoxicación corporal es un proceso profundo que visa ayudar al organismo a eliminar toxinas acumuladas, promoviendo una limpieza interna capaz de restaurar la vitalidad y el equilibrio. A través de la adopción de hábitos saludables y del uso de recursos naturales, es posible estimular los sistemas excretores, mejorando la circulación sanguínea y linfática, además de favorecer la eliminación de impurezas. Esta práctica resulta no solo en una piel más saludable y radiante, sino también en niveles elevados de energía, calidad del sueño mejorada e inmunidad fortalecida.

Uno de los beneficios más visibles de la desintoxicación es la mejora de la salud de la piel.

Cuando las toxinas acumuladas son eliminadas, la piel gana un brillo natural, reduciendo problemas como acné, dermatitis y signos de envejecimiento precoz. Además, la energía vital aumenta significativamente, combatiendo la sensación de cansancio persistente que muchas veces impide la productividad y el bienestar. Paralelamente, la digestión también se beneficia: al regular el intestino y optimizar la absorción de nutrientes, el cuerpo se vuelve más eficiente y menos propenso a molestias como hinchazón y gases.

Otro aspecto crucial de la desintoxicación es el fortalecimiento del sistema inmunológico. Un cuerpo libre de toxinas funciona de manera más eficaz en la defensa contra enfermedades, mientras que el sueño reparador que resulta de esta práctica refuerza aún más esta protección. Además, la eliminación de líquidos retenidos y el equilibrio del organismo pueden ayudar en el proceso de adelgazamiento, además de reducir la apariencia de la celulitis y promover un contorno corporal más saludable.

Los beneficios no se limitan a lo físico; la desintoxicación también se refleja en el bienestar mental. El humor se eleva, la ansiedad y el estrés disminuyen, y la mente encuentra mayor claridad y equilibrio. Este proceso, al purificar el cuerpo, se transforma en una jornada de renovación total, tocando tanto el exterior como el interior.

Identificar las señales de que el cuerpo necesita desintoxicación es esencial para aprovechar estos beneficios. Síntomas como fatiga constante, problemas de piel, dolores de cabeza frecuentes, dificultades digestivas y alteraciones del humor pueden indicar una acumulación de toxinas. Otras señales incluyen insomnio, retención de líquidos, baja inmunidad e incluso el mal aliento, muchas veces asociado a un hígado sobrecargado. Prestar atención a estas señales permite que las intervenciones se realicen en el momento oportuno, previniendo problemas más graves.

Los métodos naturales para desintoxicar el cuerpo son variados y accesibles. La alimentación desempeña un papel central, con foco en frutas, verduras, granos integrales y proteínas magras, mientras que los alimentos procesados, azúcares y grasas deben evitarse. Los jugos detox, preparados con ingredientes frescos como col rizada, manzana y jengibre, son una manera práctica de enriquecer la dieta con vitaminas, minerales y antioxidantes. El consumo regular de tés con propiedades desintoxicantes, como el té verde y el té de hibisco, también ayuda en el proceso de limpieza interna.

La hidratación adecuada es igualmente indispensable. Beber al menos dos litros de agua al día mantiene el organismo funcionando en su mejor capacidad, facilitando la eliminación de toxinas. La práctica de ejercicios físicos complementa este esfuerzo, estimulando la circulación y permitiendo que el sudor desempeñe su papel como mecanismo natural de purificación.

Métodos complementarios, como saunas, baños de pies y drenaje linfático, intensifican el proceso de desintoxicación. La sauna, por ejemplo, promueve la sudoración, mientras que los baños de pies relajan los músculos, mejoran la circulación y contribuyen a la eliminación de impurezas. El drenaje linfático, a su vez, ayuda al sistema linfático a desempeñar su papel en la eliminación de toxinas y líquidos.

Además, prácticas como el yoga y la meditación ofrecen beneficios mentales y físicos. Ayudan a reducir el estrés, equilibran el organismo y promueven un estado general de bienestar. La integración de estas técnicas crea un ciclo virtuoso, donde cuerpo y mente trabajan juntos para alcanzar el equilibrio y la armonía.

Las recetas naturales para desintoxicación son una manera eficaz de incorporar estos métodos al día a día. Un jugo detox verde, por ejemplo, combina col rizada, manzana verde, pepino, jengibre, jugo de limón y agua de coco para crear una bebida revitalizante. El té desintoxicante de hibisco, preparado con flores secas y agua hirviendo, es ideal para ser consumido dos veces al día, caliente o frío. Para quienes buscan relajación adicional, un baño de pies hecho con sal marina, vinagre de manzana y aceite esencial de lavanda proporciona alivio inmediato, mientras que ayuda en la eliminación de toxinas.

Para una desintoxicación corporal eficaz, es importante seguir algunas orientaciones simples. Comenzar gradualmente permite que el cuerpo se adapte al proceso, mientras que escuchar las señales del organismo ayuda a ajustar la intensidad de las prácticas. Mantener una rutina regular de desintoxicación es fundamental para alcanzar resultados consistentes, y el acompañamiento de un profesional de la salud garantiza que el proceso sea seguro y adecuado a las necesidades individuales.

Al adoptar la desintoxicación corporal como parte de su rutina, invierte en la salud a largo plazo. Este cuidado transforma no solo la forma en que te sientes, sino también cómo te presentas al mundo, con más energía, disposición y confianza. Incorporar hábitos saludables y utilizar los recursos de la naturaleza es un camino para una vida más equilibrada, plena y repleta de vitalidad.

La desintoxicación corporal no es solo una práctica de salud, sino una invitación a una nueva relación con el propio cuerpo, basada en cuidado, atención y equilibrio. Al iniciar esta jornada, percibimos que no se limita a la eliminación de toxinas; es una transformación que se refleja en mayor disposición, claridad mental y ligereza emocional. Cada acción, desde la elección consciente de los alimentos hasta los momentos dedicados a la meditación o al relax, fortalece la conexión con nuestro bienestar integral, promoviendo cambios que trascienden lo físico.

El impacto de esta práctica se expande a todos los aspectos de la vida, creando una base sólida para hábitos que sustentan una rutina saludable. El cuerpo que se renueva a través de la desintoxicación también se vuelve más resiliente, enfrentando los desafíos diarios con energía renovada y una inmunidad fortalecida. Pequeños rituales, como preparar un jugo detox o disfrutar de un baño de pies relajante, se transforman en momentos significativos de autocuidado, rescatando el placer de cuidar de sí mismo y proporcionando equilibrio en medio de la prisa cotidiana.

Este proceso, conducido con consciencia y consistencia, revela que la verdadera desintoxicación va más allá de lo físico, alcanzando la mente y el espíritu. Al limpiar nuestro interior, abrimos espacio para lo nuevo: nuevos hábitos, nuevas perspectivas y una nueva energía que nos impulsa a vivir de forma más plena. Así, la desintoxicación corporal se convierte en más que un método de purificación: es un reencuentro con lo mejor de nosotros mismos, creando un camino de vitalidad, armonía y bienestar duradero.

Capítulo 23
Lavado Natural del Cabello

El lavado natural del cabello representa un enfoque cuidadoso y consciente que combina la eficacia de ingredientes naturales con el respeto a la salud del cabello y del medio ambiente. Mientras que las prácticas convencionales a menudo exponen el cabello a productos químicos agresivos que pueden causar daños a largo plazo, la alternativa natural surge como una solución suave y sostenible, ideal para quienes buscan preservar la vitalidad y la belleza del cabello. Esta forma de cuidado va más allá de la higiene: es un verdadero ritual de conexión con la naturaleza y con la propia salud.

Los métodos de lavado natural priorizan la eliminación de impurezas sin comprometer la integridad del cuero cabelludo y la fibra capilar. Ingredientes como aceites vegetales saponificados, arcillas y extractos de plantas son cuidadosamente seleccionados para ofrecer una limpieza equilibrada, sin remover los aceites naturales esenciales para la protección y nutrición del cabello. Además, opciones como el uso de champús sólidos y el método No Poo son ideales para reducir el impacto ambiental, al mismo tiempo que proporcionan resultados eficaces y adaptables a diferentes tipos de cabello.

Adoptar el lavado natural del cabello es también una forma de personalizar los cuidados capilares, eligiendo ingredientes y métodos que satisfagan las necesidades específicas de cada tipo de cabello. Ya sea para hidratar el cabello seco, controlar la grasa o preservar la definición de los rizos, los recursos naturales ofrecen una amplia variedad de opciones versátiles y beneficiosas. Al integrar estas prácticas a la rutina, estarás invirtiendo en un cuidado capilar que une bienestar, sostenibilidad y respeto a la esencia de tu cabello, promoviendo una belleza saludable y consciente.

La cosmética natural proporciona un enfoque suave y eficaz para el lavado del cabello, utilizando ingredientes naturales que limpian delicadamente el cabello y el cuero cabelludo, sin comprometer la salud capilar ni el medio ambiente. Esta práctica es una alternativa cada vez más popular entre quienes desean cuidar su cabello de forma consciente, uniendo sostenibilidad y eficacia.

Los métodos de lavado natural, como champús sólidos, champús líquidos naturales, No Poo y Co-Wash, satisfacen diferentes necesidades capilares. Los champús sólidos, formulados con aceites vegetales saponificados, arcillas y aceites esenciales, son una opción práctica y sostenible. En formato de barra, ofrecen una limpieza eficiente sin resecar, al tiempo que reducen el uso de envases de plástico, minimizando el impacto ambiental.

Los champús líquidos naturales combinan extractos vegetales, aceites y tensioactivos biodegradables, promoviendo una limpieza suave y versátil. Para quienes buscan métodos más específicos, el No Poo, que prescinde del uso de champú, es ideal para cabellos rizados, crespos y secos. Utilizando solo agua, vinagre de manzana o bicarbonato de sodio, este método conserva la oleosidad natural del cabello, ayudando a reducir el frizz y la sequedad. Por su parte, el Co-Wash, o lavado con acondicionador, es una excelente opción para cabellos dañados o químicamente tratados, limpiando sin agredir el cabello.

Los ingredientes naturales desempeñan un papel central en estos métodos. Los aceites vegetales saponificados, como los de coco, oliva, palma y ricino, garantizan una limpieza equilibrada. Las arcillas, como la blanca, verde y negra, ayudan en la purificación y tratamiento del cuero cabelludo, mientras que los extractos vegetales, como el aloe vera, la manzanilla y el jaborandi, ofrecen beneficios hidratantes y calmantes. Los aceites esenciales, como la lavanda y el árbol de té, además de conferir un aroma agradable, aportan propiedades terapéuticas. El vinagre de manzana, con su pH equilibrante, sella las cutículas del cabello, promoviendo brillo y suavidad, mientras que el bicarbonato de sodio es eficaz en la eliminación de residuos y exceso de grasa.

Elegir el método ideal para el tipo de cabello es fundamental. El cabello normal tiene mayor flexibilidad y puede experimentar diferentes opciones, mientras que el cabello seco se beneficia de champús hidratantes o métodos como el Co-Wash. Para el cabello graso, los productos con arcillas e ingredientes astringentes son ideales, mientras que el cabello rizado o crespo se adapta mejor al No Poo o Co-Wash, que preservan la hidratación natural. El cabello dañado y químicamente tratado requiere métodos suaves e hidratantes para su recuperación.

Las recetas naturales son una forma práctica de incorporar estos cuidados al día a día. Un champú sólido de coco y arcilla blanca, por ejemplo, utiliza base glicerinada vegetal, aceite de coco saponificado, arcilla blanca y aceite esencial de lavanda para ofrecer una limpieza suave y nutritiva. Para quienes prefieren la versión líquida, el champú natural de aloe vera y manzanilla combina base vegetal, gel de aloe vera e infusión concentrada de manzanilla, resultando en un cabello hidratado y sedoso. El método No Poo con vinagre de manzana es una solución simple y eficaz: una mezcla de vinagre de manzana y agua que limpia y equilibra el cuero cabelludo.

Para garantizar los mejores resultados, algunos consejos son valiosos. La frecuencia de lavado debe respetar las características del cabello y el estilo de vida, generalmente cada dos o tres días. La temperatura del agua es otro factor importante: preferir agua tibia o fría evita la sequedad. Durante el lavado, masajear suavemente el cuero cabelludo estimula la circulación y la salud capilar, mientras que el enjuague abundante asegura la eliminación completa de los productos. Después de la limpieza, el uso de un acondicionador natural ayuda a hidratar y desenredar el cabello, complementando el cuidado. El secado también merece atención: dejar que el cabello se seque naturalmente o utilizar secadores a temperaturas más bajas preserva su estructura y vitalidad.

El lavado natural del cabello va más allá de la higiene; es un cuidado que respeta la salud del cabello y del medio ambiente. Al adoptar métodos e ingredientes adecuados a tu tipo de cabello, promueves un cuidado capilar que combina belleza, sostenibilidad y bienestar. Cada elección es un paso hacia un cabello saludable y un estilo de vida más consciente.

La transición al lavado natural del cabello puede ser un hito significativo en una rutina de cuidados más consciente, trayendo beneficios que van más allá de la salud capilar. En los primeros momentos, es común que el cabello necesite adaptarse, ya que la ausencia de componentes químicos altera la dinámica del cuero cabelludo. Sin embargo, con el tiempo, el equilibrio natural se restaura, revelando un cabello más fuerte, brillante y saludable. Este proceso, por gradual que sea, se transforma en un valioso aprendizaje sobre la paciencia y la conexión con las necesidades del propio cuerpo.

Al integrar el lavado natural a los cuidados diarios, se percibe que los efectos van más allá de la estética. La práctica estimula una mirada más atenta al impacto ambiental de las elecciones personales, promoviendo un estilo de vida sostenible. Además, cada ritual, desde la preparación de un champú artesanal hasta la elección cuidadosa de ingredientes, se convierte en una oportunidad para momentos de presencia y autocuidado. Es una invitación a desacelerar y valorar los procesos simples que repercuten positivamente tanto en el cabello como en el bienestar general.

Con el tiempo, el lavado natural deja de ser solo una alternativa y se convierte en un estilo de vida. El cabello responde con vitalidad, el cuero cabelludo encuentra el equilibrio y el impacto ambiental se minimiza. Más que un método de higiene, es un camino de reconexión con la naturaleza, con la salud y con el respeto al medio ambiente. Al adoptar esta práctica, inviertes en una belleza que se refleja no solo en el cabello, sino también en elecciones más conscientes y alineadas con un cuidado integral.

Capítulo 24
Acondicionador Natural

El acondicionador natural se presenta como una alternativa poderosa y saludable para cuidar el cabello, uniendo la eficacia de ingredientes nutritivos a la sostenibilidad ambiental. A diferencia de los productos convencionales, que a menudo contienen sustancias nocivas como siliconas y parabenos, el acondicionador natural ofrece un enfoque más amable y alineado con las necesidades reales del cabello. No solo hidrata y nutre profundamente, sino que también promueve la salud a largo plazo, permitiendo que el cabello absorba mejor los nutrientes y permanezca libre de residuos acumulados.

La composición de los acondicionadores naturales está cuidadosamente desarrollada para atender a diferentes tipos de cabello, respetando sus características y exigencias. Ingredientes como mantecas vegetales, aceites ricos en ácidos grasos y extractos botánicos proporcionan hidratación intensa y reparan los daños, mientras que elementos ligeros, como el aloe vera y el vinagre de manzana, equilibran la grasa y fortalecen el cabello. Esta diversidad permite la personalización del cuidado, asegurando resultados más eficientes y transformadores.

Incorporar el uso de acondicionadores naturales en la rutina capilar es un paso esencial para lograr un cabello saludable, brillante y manejable. Al optar por estos productos, no solo promueves la regeneración y la vitalidad del cabello, sino que también contribuyes a la preservación del medio ambiente. La práctica de elegir ingredientes naturales y evitar productos químicos agresivos es un acto de autocuidado consciente, que refleja un compromiso con la belleza genuina y con la sostenibilidad, realzando la armonía entre salud, bienestar y respeto a la naturaleza.

La cosmética natural proporciona una alternativa saludable y eficaz para el acondicionamiento del cabello, utilizando ingredientes que hidratan, nutren y protegen el cabello de manera suave y sostenible. A diferencia de los productos convencionales, que a menudo contienen productos químicos nocivos como siliconas y parabenos, los acondicionadores naturales respetan la salud capilar y ambiental, convirtiéndose en aliados esenciales en una rutina de cuidado consciente y eficaz.

Entre los principales beneficios de los acondicionadores naturales, destaca la capacidad de hidratar profundamente el cabello, restaurando su humedad natural y dejándolo suave y sedoso. Nutren el cabello con vitaminas, minerales y ácidos grasos, esenciales para la salud del cabello y para estimular el crecimiento capilar. Además, sellan las cutículas del cabello, reduciendo el frizz, las puntas abiertas y previniendo la rotura. La acción desenredante de estos acondicionadores facilita el cepillado, evitando daños, mientras que la protección contra agentes externos como la contaminación y el calor garantiza un cabello saludable a largo plazo. El resultado es un cabello brillante, manejable y naturalmente bonito.

Los ingredientes naturales que componen estos acondicionadores son variados y se eligen con cuidado para satisfacer las necesidades de diferentes tipos de cabello. Las mantecas vegetales, como karité, cacao y cupuaçu, proporcionan hidratación intensa y reparación, siendo ideales para cabellos secos y dañados. Los aceites vegetales como coco, argán, aguacate y jojoba ofrecen nutrición, ligereza y brillo. El aloe vera, con sus propiedades hidratantes y calmantes, es una opción versátil para equilibrar la grasa y fortalecer el cabello. El vinagre de manzana, por su parte, es conocido por equilibrar el pH del cuero cabelludo y sellar las cutículas, confiriendo brillo y suavidad. Los aceites esenciales, como lavanda, ylang ylang y romero, no solo ofrecen un aroma agradable, sino que también promueven la salud capilar con sus propiedades terapéuticas.

Elegir el acondicionador ideal depende de las características del cabello. El cabello normal puede experimentar diferentes combinaciones de ingredientes, mientras que el cabello seco se beneficia de mantecas nutritivas y aceites ricos. El cabello graso requiere fórmulas más ligeras, como aloe vera combinado con aceites menos densos, como la jojoba. Para el cabello rizado y crespo, los acondicionadores ricos en mantecas y aceites que ayudan a definir los rizos y reducir el frizz son ideales. El cabello dañado o químicamente tratado requiere ingredientes reparadores, como la manteca de cupuaçu y el aceite de argán.

Preparar acondicionadores naturales en casa es una forma práctica y económica de personalizar el cuidado del cabello. Un acondicionador para cabello seco, por ejemplo, puede elaborarse con manteca de karité, aceite de coco, aloe vera y aceite esencial de lavanda. La combinación de estos ingredientes hidrata profundamente y repara el cabello. Para el cabello graso, una mezcla de aloe vera, aceite de jojoba, vinagre de manzana y aceite esencial de romero ayuda a equilibrar la grasa sin apelmazar el cabello. Para el cabello rizado y crespo, un acondicionador con manteca de karité, aceite de coco, aceite de ricino y aceite esencial de ylang ylang proporciona definición y control del frizz.

Para maximizar los beneficios de los acondicionadores naturales, se pueden adoptar algunas prácticas sencillas. La aplicación debe realizarse sobre el cabello húmedo, después del lavado, centrándose en las puntas, que son más propensas a la sequedad y a los daños. Dejar actuar el producto durante unos minutos permite que los nutrientes penetren en el cabello, garantizando resultados más eficaces. Es importante enjuagar abundantemente para eliminar todo el acondicionador y evitar la acumulación de residuos. Utilizar el acondicionador en cada lavado es esencial para mantener el cabello hidratado y protegido. Como toque final, se puede aplicar un leave-in natural o un producto de acabado para proteger el cabello, controlar el frizz y ayudar en el peinado.

El uso de acondicionadores naturales es una inversión en salud capilar y sostenibilidad. Al incorporar estas prácticas a tu rutina, no solo promueves la regeneración y la vitalidad del cabello, sino que también contribuyes a un impacto ambiental positivo, sustituyendo productos industrializados por opciones naturales y biodegradables. El resultado es un cuidado completo que refleja un compromiso con la belleza consciente y la preservación de la naturaleza, realzando la armonía entre estética, salud y respeto al medio ambiente.

El acondicionador natural no solo redefine los estándares de cuidado capilar, sino que también resignifica la forma en que nos relacionamos con nuestro cabello y el medio ambiente. Al sustituir los productos industrializados por soluciones naturales, creamos una conexión más profunda con las necesidades del cabello, aprendiendo a valorarlo en su forma auténtica. Cada aplicación se convierte en un momento de autocuidado y reflexión, donde ingredientes sencillos y naturales ofrecen una experiencia rica y transformadora.

Con el uso continuo, el cabello comienza a revelar su verdadera esencia, respondiendo de forma saludable y vibrante a los nutrientes que se le ofrecen. Esta transición, aunque gradual, enseña que el cuidado sostenible no solo es eficaz, sino también gratificante. Es como si, al nutrir el cabello, también cultiváramos paciencia, conciencia y un sentido de responsabilidad por las elecciones que hacemos, tanto para nuestro cuerpo como para el planeta.

Adoptar acondicionadores naturales es más que una elección estética; es un compromiso con una vida equilibrada y sostenible. Cada hebra de cabello que refleja brillo y salud es un recordatorio de que es posible cuidarse a sí mismo sin comprometer el futuro. Este cuidado holístico no solo transforma la rutina capilar, sino que inspira un enfoque más consciente y respetuoso con el medio ambiente, reforzando que la verdadera belleza reside en las elecciones que promueven la armonía y el bienestar.

Capítulo 25
Mascarillas Capilares Naturales

Las mascarillas capilares naturales son una solución poderosa y versátil para tratar el cabello de forma eficaz, utilizando los beneficios que ofrecen los ingredientes puros y libres de sustancias químicas nocivas. Más que un simple complemento en la rutina de cuidados, estas mascarillas funcionan como tratamientos intensivos que penetran en la fibra capilar, promoviendo hidratación, nutrición y reparación profundas. Al evitar los compuestos sintéticos presentes en los productos convencionales, también garantizan la preservación de la salud del cabello a largo plazo y minimizan los impactos ambientales.

Los ingredientes naturales que componen estas mascarillas son ricos en vitaminas, minerales y antioxidantes, elementos esenciales para revertir los daños causados por factores como el calor, la contaminación y los tratamientos químicos. Cada componente, como aceites vegetales, frutas, mantecas y hierbas, ofrece beneficios específicos, atendiendo a diferentes tipos de cabello y necesidades. El uso regular de mascarillas capilares naturales ayuda en la reconstrucción de la estructura capilar, sella las cutículas y mejora la textura del cabello, reduciendo el frizz y previniendo la rotura.

Incorporar mascarillas naturales a la rutina capilar no es solo un cuidado estético, sino también un acto de autocuidado que promueve el bienestar. Al preparar y aplicar estos tratamientos, creas un momento especial para cuidar de ti misma, fortaleciendo la conexión con tu propio cuerpo. Además, la flexibilidad de las recetas caseras permite personalizar los tratamientos de acuerdo con tus necesidades, potenciando los resultados. Con este cuidado holístico y accesible, tu cabello puede alcanzar un nuevo nivel de salud, suavidad y brillo, evidenciando la belleza que surge de la armonía entre naturaleza y ciencia.

Las mascarillas capilares naturales son un recurso valioso para promover la salud y la belleza del cabello, aprovechando las propiedades beneficiosas de ingredientes naturales que tratan el cabello de manera intensiva y sin agresiones químicas. Ofrecen un enfoque holístico y personalizado, capaz de atender necesidades específicas, como hidratación, nutrición y reparación, al mismo tiempo que protegen el medio ambiente y preservan la salud del cuero cabelludo.

Entre los innumerables beneficios de las mascarillas capilares naturales, destaca la capacidad de hidratar profundamente el cabello, reponiendo la humedad perdida y restaurando el brillo y la suavidad. Su composición rica en vitaminas, minerales y antioxidantes nutre el cabello, fortaleciendo la fibra capilar y estimulando el crecimiento saludable. Además, ingredientes como aceites vegetales y mantecas ayudan a reparar los daños causados por procesos químicos, calor y factores externos, mientras sellan las cutículas, reduciendo el frizz y previniendo la rotura. El uso regular de estas mascarillas resulta en un cabello más fuerte, maleable y resistente, con un aspecto saludable y radiante.

Los ingredientes utilizados en las mascarillas naturales son variados y versátiles, permitiendo combinaciones personalizadas para diferentes tipos de cabello. Frutas como el aguacate, el plátano y la papaya son fuentes ricas en vitaminas y grasas saludables que hidratan y nutren profundamente. La miel, el yogur natural y el aloe vera poseen propiedades calmantes e hidratantes, ideales para revitalizar el cabello seco y dañado. Aceites vegetales como el de coco, argán y ricino son ampliamente reconocidos por sus propiedades reparadoras y fortalecedoras, mientras que mantecas como karité y cacao ofrecen hidratación intensa y protección contra las agresiones externas.

Cada tipo de cabello puede beneficiarse de combinaciones específicas de ingredientes. Por ejemplo, el cabello seco necesita hidratación intensiva, que puede obtenerse con mascarillas a base de aguacate, miel y manteca de karité. Para el cabello graso, opciones más ligeras, como aloe vera y vinagre de manzana, ayudan a equilibrar la oleosidad y a mantener el cabello ligero y suelto. El cabello dañado y químicamente tratado encuentra recuperación en mascarillas con aceites como el de argán y ricino, que fortalecen y reconstruyen la fibra capilar. El cabello rizado y crespo puede utilizar ingredientes como aceite de coco y manteca de karité para definir los rizos y controlar el frizz.

Las recetas caseras son prácticas y eficaces, posibilitando la creación de tratamientos personalizados. Para cabello seco y reseco, una mascarilla de aguacate y miel combina hidratación y nutrición: basta mezclar medio aguacate machacado con una cucharada de miel, aplicar en el cabello limpio y húmedo, y dejar actuar durante 30 minutos antes de enjuagar. Para cabello opaco y sin vida, una mezcla de plátano maduro con aceite de coco restaura el brillo y la vitalidad del cabello. El cabello dañado puede tratarse con una mascarilla de yogur natural y miel, que fortalece y da suavidad. Quien desee estimular el crecimiento capilar puede recurrir a una combinación de aceite de ricino y extracto de jaborandi, aplicando en el cuero cabelludo con un masaje suave para activar la circulación.

Para potenciar los beneficios de las mascarillas naturales, se recomiendan algunas prácticas simples. Aplicar la mascarilla en el cabello limpio y húmedo permite que los nutrientes se absorban de forma más eficiente. Concentra la aplicación en el largo y las puntas, donde el cabello suele estar más dañado. Utilizar un gorro térmico o envolver el cabello en una toalla caliente durante el tiempo de acción (entre 30 minutos y 1 hora) aumenta la penetración de los ingredientes en la fibra capilar. Tras el tratamiento, enjuagar bien con agua abundante es esencial para evitar la acumulación de residuos en el cabello.

La frecuencia de uso de las mascarillas varía de acuerdo con las necesidades del cabello. Para cabellos más dañados, se recomienda el uso semanal o incluso dos veces por semana, mientras que el cabello normal o menos exigente puede tratarse cada 15 días. La constancia en el uso es fundamental para garantizar resultados visibles y duraderos.

Las mascarillas capilares naturales son más que un cuidado estético; son una práctica de autocuidado que valora la salud del cabello y promueve el bienestar. Al preparar y aplicar estas mascarillas, dedicas un momento para ti misma, fortaleciendo la conexión con tu propio cuerpo y abrazando los beneficios de la naturaleza en su forma más pura. Con elecciones conscientes y personalizadas, tu cabello puede alcanzar un nuevo nivel de salud y belleza, reflejando el equilibrio entre ciencia, naturaleza y cuidado.

Las mascarillas capilares naturales son más que tratamientos para el cabello; representan un vínculo poderoso entre el cuidado personal y los beneficios que la naturaleza ofrece. Cada aplicación es un gesto de gentileza con el cabello, una forma de revertir los daños acumulados y devolver vitalidad a la estructura capilar. La preparación y el uso de estos tratamientos caseros no solo potencian los resultados, sino que también crean una experiencia que trasciende el autocuidado convencional, envolviéndote en propósito y significado.

Con el uso continuo, el cabello comienza a revelar una transformación visible: más brillo, fuerza y maleabilidad se hacen evidentes, mientras que la textura del cabello refleja la salud que viene de dentro. Más que un recurso estético, las mascarillas naturales enseñan la importancia de la paciencia y la constancia, pues es en el tiempo dedicado al cuidado que los resultados más profundos se manifiestan. Al explorar ingredientes simples y accesibles, te acercas a una rutina que equilibra eficiencia y respeto por el medio ambiente.

Adoptar mascarillas capilares naturales como parte de la rutina no es solo una elección por resultados tangibles, sino también un camino para cultivar un bienestar integral. El cuidado del cabello refleja un enfoque holístico, en el que la salud, la estética y la conexión con la naturaleza se entrelazan. Así, cada tratamiento casero se convierte en una celebración de la belleza auténtica, revelando que el verdadero cuidado está en las elecciones conscientes y en el cariño dedicado a una misma.

Capítulo 26
Finalización Natural

La finalización natural representa un hito esencial en la jornada de cuidado capilar, elevando la salud y la apariencia del cabello a nuevos niveles. Este proceso utiliza ingredientes naturales y métodos que respetan tanto la integridad del cabello como el medio ambiente, eliminando la dependencia de productos químicos agresivos. Con un enfoque en promover hidratación, protección y definición, la finalización natural no solo embellece el cabello, sino que también lo nutre y fortalece profundamente, convirtiéndola en una elección sostenible y eficaz. Al sustituir sustancias sintéticas, como siliconas y parabenos, por alternativas naturales, es posible preservar la estructura capilar y garantizar una absorción eficiente de nutrientes, asegurando un cuidado completo y saludable.

Los beneficios de la finalización natural van más allá de la estética; abarcan un enfoque integral que combina belleza y bienestar. Ingredientes como aceites vegetales, mantecas y extractos naturales forman una barrera protectora contra las agresiones externas, como la contaminación y el calor, mientras sellan la hidratación dentro del cabello. Además, su acción modeladora permite realzar rizos, ondas o peinados lisos de manera suave y natural, sin apelmazar ni causar acumulación. Cada tipo de cabello encuentra soluciones específicas dentro de esta práctica, ya sea para el control del frizz en cabellos lisos o para la definición de rizos en cabellos crespos. Esta versatilidad hace que la finalización natural sea una elección democrática y accesible, independientemente de las características capilares individuales.

Otro aspecto fundamental de este enfoque está en la capacidad de personalización, permitiendo que cada persona adapte los finalizadores naturales a las necesidades específicas de su cabello. Desde recetas simples, como geles y cremas hechos con ingredientes del día a día, hasta mezclas más elaboradas con aceites raros y hierbas aromáticas, la finalización natural ofrece posibilidades casi infinitas. Esta flexibilidad incentiva una relación más cercana y consciente con los cuidados personales, promoviendo una conexión entre salud, estética y sostenibilidad. Adoptar esta práctica no es solo un paso hacia la belleza natural, sino también un compromiso con un estilo de vida que valora el cuidado holístico y la armonía con el medio ambiente.

La finalización natural ofrece una serie de ventajas que transcienden la estética, constituyendo un verdadero cuidado holístico para el cabello. Este enfoque combina protección, hidratación y definición de forma sinérgica, utilizando ingredientes que no agreden el cabello y promueven la salud y la belleza a largo plazo. Por ejemplo, los finalizadores naturales crean una capa protectora contra las agresiones externas, como los rayos solares, la contaminación y el calor, mientras sellan la hidratación y nutren profundamente el cabello. Ingredientes como aceites vegetales, mantecas naturales y extractos botánicos cumplen un papel esencial en este proceso, proporcionando un brillo saludable y una textura suave y sedosa.

Además de proteger, estos productos actúan en el moldeado del cabello, garantizando que los rizos, ondas o incluso peinados lisos obtengan una definición única sin la rigidez de los moldeadores sintéticos. Un buen ejemplo es el gel de linaza, que define los rizos de forma ligera y natural, y la crema de coco, conocida por su habilidad de nutrir e hidratar mientras moldea. Estos finalizadores también poseen propiedades que controlan el frizz, resultado de la combinación de hidratación eficiente y sellado de las cutículas, reduciendo el aspecto encrespado y dejando el cabello más alineado.

Para una aproximación personalizada, es importante considerar las características específicas de cada tipo de cabello. Por ejemplo, quien posee cabello liso debe optar por finalizadores ligeros, como aceites de jojoba o sprays de hierbas, que no apelmacen el cabello. Para cabellos ondulados, finalizadores que definan ondas y controlen el frizz, como gel de linaza o crema de coco, son más indicados. Los cabellos rizados y crespos, a su vez, exigen productos que ofrezcan mayor hidratación y control, como manteca de karité y aceite de coco. Para cabellos dañados o químicamente tratados, es esencial invertir en finalizadores reparadores, como aloe vera o manteca de cupuaçu, que ayudan en la recuperación del cabello.

Una de las grandes ventajas de la finalización natural es la posibilidad de crear los propios productos en casa, utilizando ingredientes accesibles y naturales. Por ejemplo, el gel de linaza es fácil de preparar: basta hervir 1/4 de taza de semillas de linaza en 1 taza de agua filtrada por cerca de 5 minutos, removiendo ocasionalmente. Tras colar el gel en un paño fino, puede almacenarse en un frasco de vidrio en la nevera. Para aplicar, esparce el gel en el cabello limpio y húmedo, moldeando los rizos con los dedos.

Otra opción práctica y nutritiva es la crema de coco para peinar, que combina 1/2 taza de leche de coco con 1 cucharada de aceite de coco y 1 cucharada de almidón de maíz. La preparación consiste en mezclar la leche de coco con el almidón en una cacerola y llevar a fuego lento, removiendo hasta que espese. Tras retirar del fuego, añade el aceite de coco y mezcla bien. Almacena en un recipiente limpio y seco, y aplica en el cabello limpio y húmedo, moldeándolo como desees.

Para quien busca un toque refrescante y perfumado, el spray de hierbas es ideal. Utiliza 100 ml de agua filtrada, 1 cucharada de romero fresco y 1 cucharada de lavanda fresca. Comienza hirviendo el agua y añadiendo las hierbas. Tras apagar el fuego, tapa la mezcla y deja en infusión durante 30 minutos. Cuela el líquido y almacénalo en un frasco con pulverizador. Este spray puede aplicarse tanto en el cabello húmedo como seco, ayudando a finalizar el peinado con ligereza y frescor.

Para que la finalización natural sea aún más eficaz, algunas recomendaciones son esenciales. Es fundamental aplicar la cantidad correcta de finalizador, adaptada al tipo de cabello y al largo del cabello. Comienza con una pequeña cantidad, distribuyéndola uniformemente del largo a las puntas. Durante la aplicación, usa los dedos, un peine de dientes anchos o un cepillo para moldear el cabello de forma suave. El secado también marca la diferencia: dejar que el cabello se seque de forma natural ayuda a preservar la hidratación, pero quien prefiera secarlo más rápido puede usar un difusor para destacar rizos y ondas.

Por último, tras el secado, un aceite vegetal ligero, como aceite de argán o aceite de jojoba, puede aplicarse para dar brillo extra y controlar el posible frizz remanente. Este último paso cierra el ciclo de cuidados, garantizando que el cabello quede no solo bonito, sino también saludable y protegido.

Al adoptar la finalización natural, cada persona pasa a ejercer mayor control sobre lo que aplica en su cabello, fortaleciendo la relación entre belleza y sostenibilidad. Esta práctica no es solo una elección estética, sino un compromiso con el bienestar y la conexión con el medio ambiente. El resultado es un cuidado completo, que aúna funcionalidad, personalización y un profundo respeto a la salud capilar y a la naturaleza.

La finalización natural resignifica la forma en que nos conectamos con nuestro cabello y con el ambiente que nos rodea. Esta práctica va más allá de estilizar o controlar el cabello; es un cuidado intencional que respeta las características únicas de cada tipo de cabello y promueve su salud a largo plazo. Al optar por métodos e ingredientes naturales, no solo reduces la exposición a químicos nocivos, sino que también contribuyes a prácticas más sostenibles y amables con el medio ambiente.

Con el tiempo, los resultados hablan por sí solos: cabellos que brillan con vitalidad, suavidad que se siente al tacto y una textura que refleja el cuidado de dentro hacia afuera. La personalización es uno de los aspectos más gratificantes de este enfoque, permitiendo que cada persona adapte recetas y técnicas de acuerdo con sus necesidades y preferencias. Este proceso también fortalece la conexión con el autocuidado, transformando el simple acto de finalizar el cabello en un ritual significativo.

Adoptar la finalización natural es más que una elección de producto; es una filosofía de cuidado que equilibra salud, estética y respeto a la naturaleza. Cada mechón moldeado con ingredientes naturales refleja un compromiso con elecciones conscientes y una celebración de la belleza auténtica. En este proceso, lo que emerge no es solo un cabello saludable, sino también una actitud más armónica y sostenible ante el mundo.

Capítulo 27
Caída del Cabello

La caída del cabello, aunque común, despierta preocupaciones que van más allá de la estética, indicando muchas veces alteraciones más profundas en el organismo. Este proceso puede ser influenciado por factores internos y externos que, cuando no son identificados y tratados, comprometen la salud capilar de forma significativa. Es esencial comprender que la caída natural del cabello forma parte del ciclo de renovación capilar, pero cuando la cantidad de cabellos perdidos sobrepasa los límites habituales, se trata de una señal de alerta. En esta perspectiva, cuidar del cuero cabelludo y adoptar estrategias que promuevan el equilibrio del cuerpo se convierten en acciones indispensables para preservar la fuerza y vitalidad del cabello.

Entre las causas más frecuentes de la caída del cabello están las condiciones genéticas, cambios hormonales, deficiencias nutricionales y el impacto del estrés en el día a día. Además, la exposición a procesos químicos agresivos y el uso inadecuado de productos cosméticos pueden fragilizar la estructura capilar, agravando la caída. Para combatir estos factores, la cosmética natural surge como una aliada poderosa, integrando tratamientos que fortalecen el cabello con prácticas de autocuidado que promueven el bienestar general. Este enfoque holístico favorece no solo la interrupción del problema, sino también un ambiente más saludable para el crecimiento de nuevos cabellos.

Adoptar prácticas naturales en el combate a la caída del cabello trae beneficios que van más allá de la reducción de la pérdida capilar. Ingredientes como aceites vegetales, hierbas estimulantes y extractos botánicos no solo fortalecen el cabello, sino que también ayudan a restaurar el equilibrio del cuero cabelludo. Productos como tónicos de romero y mascarillas de aloe vera ofrecen propiedades regeneradoras e hidratantes que revigorizan los folículos capilares, mientras que los masajes regulares estimulan la circulación y aumentan la absorción de nutrientes esenciales. Estas estrategias, aliadas a una alimentación balanceada y a la reducción de factores estresantes, forman la base para la recuperación capilar. Al tratar la salud del cabello de forma integrada, es posible no solo contener la caída, sino también cultivar un cabello más fuerte y saludable.

La caída del cabello es un tema que va más allá de la preocupación estética, involucrando múltiples factores que pueden afectar la salud capilar. Diversos elementos contribuyen al debilitamiento y a la pérdida de cabello, y entender sus causas es el primer paso para un tratamiento eficaz. Entre los principales factores están las predisposiciones genéticas, cambios hormonales, deficiencias nutricionales y el impacto del estrés diario. Además, el uso de productos químicos agresivos y peinados que fuerzan el cabello también desempeñan un papel significativo en este proceso.

La predisposición genética es una de las causas más conocidas de la caída del cabello, con destaque para la alopecia androgenética, que afecta tanto a hombres como a mujeres. Este tipo de caída es progresivo y hereditario, manifestándose frecuentemente en la parte superior de la cabeza y en las sienes. Por otro lado, los factores hormonales pueden desencadenar cambios significativos en el ciclo capilar, siendo comunes durante el embarazo, en el posparto, en la menopausia o en casos de disfunciones de la tiroides. Las alteraciones en los niveles hormonales debilitan el cabello y, muchas veces, resultan en una caída difusa.

Otro aspecto crítico es la nutrición. Deficiencias de hierro, zinc, biotina, vitamina D y proteínas afectan directamente a la salud capilar, volviendo el cabello más susceptible a la rotura y caída. Para completar, el estrés físico y emocional actúa como un detonante poderoso, liberando hormonas que interrumpen el ciclo de crecimiento capilar, contribuyendo a un fenómeno conocido como efluvio telógeno, caracterizado por una caída temporal y acentuada.

Además de las causas internas, los hábitos cotidianos también ejercen influencia. El uso frecuente de procesos químicos, como alisados, tintes y permanentes, daña la estructura capilar. Del mismo modo, peinados muy apretados, como trenzas o colas de caballo firmemente sujetas, generan tensión en el cabello, llevando a la caída por tracción.

Para lidiar con estos problemas, la cosmética natural ofrece soluciones eficaces e integrativas. Productos a base de aceites vegetales, hierbas y extractos botánicos fortalecen el cabello y restauran el equilibrio del cuero cabelludo. Por ejemplo, el romero, conocido por sus propiedades estimulantes, mejora la circulación sanguínea en el cuero cabelludo, incentivando el crecimiento capilar. El aloe vera, por su parte, es altamente hidratante y regenerador, ayudando en la recuperación del cabello dañado.

Para aplicar estas soluciones en la práctica, algunas recetas naturales pueden ser incorporadas a la rutina. Un tónico capilar de romero es fácil de preparar y altamente eficaz. Hierva una taza de agua filtrada, añada hojas de romero fresco y deje en infusión durante 30 minutos. Después de colar, mezcle con una taza de vinagre de manzana y almacene en un frasco oscuro. Este tónico debe ser aplicado en el cuero cabelludo limpio, con un masaje suave, dos veces al día.

Otra opción es la mascarilla capilar de cebolla y aloe vera, ideal para revitalizar los folículos capilares. Mezcle una cebolla pequeña rallada con dos cucharadas de gel de aloe vera. Aplique en el cuero cabelludo, masajeando delicadamente, y deje actuar durante 30 minutos antes de enjuagar con un champú natural.

Para quienes buscan un tratamiento más profundo, el aceite capilar de ricino y jaborandi es una excelente elección. Mezcle dos cucharadas de aceite de ricino con una cucharada de extracto de jaborandi. Aplique en el cuero cabelludo y masajee suavemente. Después de 30 minutos, lave el cabello para eliminar el exceso de aceite. Este tratamiento nutre el cabello y estimula el crecimiento saludable.

Además de estas prácticas, es esencial adoptar hábitos que preserven la salud capilar. Una alimentación balanceada, rica en nutrientes como hierro, biotina y proteínas, es indispensable. Controlar el estrés también desempeña un papel importante; técnicas como la meditación, el yoga o el ejercicio físico ayudan a equilibrar el cuerpo y la mente, reduciendo los impactos negativos en el ciclo capilar.

Para evitar daños adicionales, es recomendable minimizar el uso de productos químicos agresivos y evitar herramientas de calor excesivo, como secadores y planchas. Optar por champús y acondicionadores naturales, libres de sulfatos y parabenos, contribuye a un cuidado más suave y eficaz con el cuero cabelludo y el cabello. Además, el uso de peinados menos apretados ayuda a prevenir la caída del cabello por tracción.

Por último, la consulta a un dermatólogo es indispensable para casos de caída persistente o excesiva. Un profesional puede identificar causas subyacentes y proponer tratamientos específicos, como la suplementación o terapias más avanzadas. Este acompañamiento es fundamental para garantizar que el problema sea tratado de raíz, promoviendo una recuperación capilar duradera y sostenible.

Cuidar del cabello es un proceso que exige dedicación y atención a los detalles, pero los resultados son compensadores. Al combinar prácticas naturales, una rutina saludable y acompañamiento profesional, es posible transformar la relación con el cabello, restaurando la fuerza, vitalidad y belleza.

La caída del cabello puede ser encarada como una señal de que el cuerpo demanda atención integral, combinando cuidados específicos para el cabello con un enfoque más amplio de salud y equilibrio. Entender las causas y adoptar estrategias naturales, como tónicos y mascarillas a base de ingredientes regeneradores, es un paso importante para revertir el problema y fortalecer el cabello. Estos tratamientos no solo tratan los síntomas, sino que ayudan a construir una base sólida para un crecimiento saludable y duradero, siempre respetando la individualidad de cada persona.

A lo largo del proceso, incorporar hábitos saludables se vuelve esencial para sustentar los resultados obtenidos. Una dieta rica en nutrientes esenciales, combinada con prácticas que reducen el estrés, como la meditación o las actividades físicas, refuerza el impacto de los tratamientos naturales. Pequeños cambios, como sustituir productos convencionales por cosméticos libres de sustancias agresivas, también crean un ambiente más favorable para la salud capilar, reduciendo las agresiones externas que contribuyen a la caída.

Más que una preocupación estética, lidiar con la caída del cabello es un camino de autoconocimiento y cuidado integral. Cada cabello fortalecido es un reflejo del equilibrio conquistado, y cada práctica adoptada simboliza un compromiso con el propio bienestar. Así, el tratamiento de la caída del cabello se transforma en un viaje que conecta la salud del cabello con la armonía del cuerpo y de la mente, revelando una belleza que va más allá de la superficie.

Capítulo 28
Caspa y Cuero Cabelludo

La salud del cuero cabelludo desempeña un papel esencial en el mantenimiento de un cabello bonito y vibrante. Problemas como la caspa, la picazón y la sensibilidad muchas veces indican desequilibrios que van más allá de la superficie, afectando directamente a la calidad del cabello. La caspa, por ejemplo, se caracteriza por la descamación excesiva del cuero cabelludo y puede ser resultado de factores como el crecimiento descontrolado de hongos, exceso de grasa, resequedad o incluso reacciones a productos químicos agresivos. Al abordar estos problemas de manera holística, es posible no solo aliviar los síntomas, sino también restaurar la vitalidad y el equilibrio del cuero cabelludo de forma duradera.

Uno de los pilares para tratar y prevenir la caspa es la adopción de prácticas que promuevan un ambiente saludable para el cabello desde la raíz. Ingredientes naturales como aceites esenciales, extractos botánicos y arcillas destacan por sus propiedades antifúngicas, antiinflamatorias e hidratantes, siendo capaces de equilibrar el microbioma del cuero cabelludo mientras fortalecen el cabello. Además, técnicas simples, como masajes regulares, exfoliación e hidratación con productos adecuados, ayudan a eliminar impurezas, estimular la circulación y nutrir profundamente el cuero cabelludo. Este cuidado integrado mejora no solo la apariencia del cabello, sino también su salud general, reduciendo la incidencia de problemas como la caspa de manera eficaz.

Al tratar el cuero cabelludo, es importante también considerar factores internos que pueden contribuir al surgimiento de la caspa y otros desequilibrios. Una dieta equilibrada, rica en nutrientes como zinc, omega-3 y vitaminas del complejo B, puede tener un impacto significativo en la salud del cabello y del cuero cabelludo. De la misma forma, reducir el estrés y mantener un estilo de vida activo ayudan a regular los niveles hormonales y a fortalecer el sistema inmunológico, minimizando las condiciones que favorecen la aparición de problemas capilares. El cuidado del cuero cabelludo, por lo tanto, debe ser entendido como una combinación de tratamientos externos y ajustes en el estilo de vida, proporcionando resultados más completos y sostenibles.

La caspa, caracterizada por la descamación excesiva del cuero cabelludo, es un problema capilar común que puede causar incomodidad e impactar la autoestima. Aunque muchas veces sea tratada como un simple problema estético, su origen está frecuentemente ligado a desequilibrios más profundos, como la presencia excesiva del hongo Malassezia globosa, alteraciones en la producción de grasa o incluso condiciones inflamatorias como la dermatitis seborreica.

También pueden contribuir factores como la resequedad del cuero cabelludo, sensibilidades a productos químicos y enfermedades como la psoriasis, que exigen un enfoque cuidadoso y personalizado.

Entre las causas de la caspa, el hongo Malassezia globosa es uno de los principales agentes, presente naturalmente en el cuero cabelludo, pero capaz de proliferar excesivamente cuando encuentra condiciones favorables, como exceso de sebo o alteraciones en el pH. Esta proliferación puede llevar a la irritación, inflamación y descamación. Por otro lado, la resequedad extrema también puede provocar descamación, aunque generalmente esté asociada a sensaciones de picazón y sensibilidad.

Factores externos, como el uso de productos químicos agresivos, representan otro desafío. Sustancias como sulfatos, parabenos y siliconas, comúnmente presentes en cosméticos convencionales, pueden desencadenar reacciones adversas, irritando el cuero cabelludo y agravando la caspa. De la misma forma, el estrés crónico puede desempeñar un papel importante, desestabilizando el equilibrio hormonal e inmunológico, lo que favorece la aparición de problemas capilares.

Para tratar y prevenir la caspa, la cosmética natural ofrece un enfoque holístico, utilizando ingredientes que equilibran el cuero cabelludo y promueven la salud del cabello. Productos con propiedades antifúngicas, como el aceite esencial de árbol de té, actúan directamente en el control del hongo Malassezia globosa, mientras que elementos hidratantes, como el aloe vera y el aceite de coco, ayudan a restaurar la barrera natural del cuero cabelludo. El vinagre de manzana, por su parte, es un aliado poderoso para equilibrar el pH y controlar la grasa.

La rutina de cuidados comienza con la elección de productos suaves y libres de agentes agresivos. Un champú anticaspa natural puede ser preparado fácilmente en casa, combinando ingredientes eficaces. Mezcle media taza de base vegetal para champú con una cucharada de arcilla verde y diez gotas de aceite esencial de árbol de té. Este champú debe ser aplicado en el cuero cabelludo mojado, masajeado suavemente y dejado actuar por algunos minutos antes de ser enjuagado. La arcilla verde purifica y controla la grasa, mientras que el árbol de té combate la caspa de forma eficaz.

Otro tratamiento simple y eficaz es el tónico capilar de vinagre de manzana. Mezcle media taza de vinagre de manzana con media taza de agua filtrada y aplique en el cuero cabelludo limpio. Masajee suavemente y deje actuar por 15 minutos antes de lavar el cabello con un champú natural. Este tónico ayuda a equilibrar el microbioma del cuero cabelludo, reduciendo la descamación y promoviendo un brillo saludable al cabello.

Para una hidratación profunda, la mascarilla de aloe vera y aceite de coco es ideal. Combine media taza de gel de aloe vera con un cuarto de taza de aceite de coco y aplique en el cabello y en el cuero cabelludo, masajeando delicadamente. Deje actuar por 30 minutos y enjuague con champú natural. Esta mascarilla es especialmente eficaz para cuero cabelludo reseco y sensibilizado, pues hidrata profundamente y reduce la picazón.

Además de los tratamientos tópicos, es esencial adoptar una rutina de cuidados que incluya el lavado regular con champús adecuados al tipo de cabello, exfoliación semanal con exfoliantes suaves para eliminar células muertas y masajes regulares en el cuero cabelludo para estimular la circulación sanguínea. Estas prácticas no solo auxilian en el combate a la caspa, sino que también promueven un ambiente saludable para el crecimiento del cabello.

El estilo de vida también desempeña un papel crucial en el control de la caspa. Una dieta equilibrada, rica en alimentos integrales, vegetales frescos, frutas, nueces y semillas, proporciona nutrientes esenciales como zinc, omega-3 y vitaminas del complejo B, que son fundamentales para la salud del cuero cabelludo. Reducir el consumo de alimentos procesados y ricos en azúcares también contribuye al equilibrio del microbioma capilar.

Controlar el estrés es igualmente importante. Técnicas como la meditación, el yoga o las actividades físicas regulares ayudan a regular los niveles hormonales y a fortalecer el sistema inmunológico, minimizando las condiciones que favorecen la caspa. Es importante recordar que, en casos más graves o persistentes, consultar a un dermatólogo es fundamental para identificar la causa subyacente y recibir orientación especializada.

Cuidar del cuero cabelludo es una inversión en la salud y la belleza del cabello. Al adoptar prácticas naturales, mantener una rutina de cuidados consistente y ajustar el estilo de vida, es posible no solo combatir la caspa, sino también mejorar la calidad del cabello de forma duradera. Este enfoque holístico promueve no solo el alivio inmediato de los síntomas, sino también un equilibrio sostenible, garantizando un cabello más saludable, bonito y libre de problemas.

El equilibrio entre los cuidados externos e internos es esencial para mantener el cuero cabelludo saludable y libre de caspa. Productos naturales, combinados con prácticas diarias adecuadas, son aliados poderosos para restaurar la salud capilar. Sin embargo, la clave para resultados consistentes está en la paciencia y la constancia, ya que el cuero cabelludo lleva tiempo para responder a los cambios positivos. Por eso, adoptar un enfoque personalizado, que tenga en cuenta las necesidades específicas de cada persona, es crucial para alcanzar el equilibrio deseado.

Además, comprender que la salud del cuero cabelludo refleja el bienestar general del cuerpo puede transformar la manera como encaramos los cuidados con el cabello. Un organismo bien nutrido y en armonía tiene mayor capacidad de combatir inflamaciones y desequilibrios, creando las condiciones ideales para la regeneración del cabello y la prevención de problemas como la caspa. Así, el cuidado del cuero cabelludo no debe ser visto solo como una rutina de belleza, sino como una parte integrada de un estilo de vida saludable.

Al incorporar estas prácticas, el camino hacia un cuero cabelludo saludable se convierte en una experiencia transformadora, tanto física como emocional. Cada gesto de cuidado no solo promueve un cabello más fuerte y bonito, sino que también refleja un compromiso consigo mismo. La combinación de dedicación, conocimiento y elecciones conscientes crea un camino seguro para una relación armoniosa entre salud, bienestar y autoestima.

Capítulo 29
Canas

Las canas, más que un hito natural del envejecimiento, son una expresión única de la individualidad y del paso del tiempo. Surgen cuando los melanocitos, responsables de la producción de melanina, reducen o cesan su actividad, lo que resulta en la pérdida gradual de pigmentación. Aunque frecuentemente asociadas a la madurez, pueden aparecer de forma prematura debido a factores genéticos, desequilibrios nutricionales, estrés o condiciones de salud. Independientemente de la causa, las canas requieren cuidados específicos, no solo para preservar su apariencia, sino también para garantizar la salud y la vitalidad del cabello.

A lo largo de los años, las canas tienden a volverse más secas, porosas y vulnerables a los daños ambientales. Por eso, es fundamental adoptar rutinas que favorezcan la hidratación, la nutrición y la protección del cabello. Las mascarillas naturales ricas en aceites vegetales, como el de coco y argán, e ingredientes hidratantes, como el aloe vera, pueden devolver la suavidad y el brillo, mientras que los productos específicos para neutralizar el amarillamiento preservan el tono vibrante y luminoso de las canas. Además, proteger el cabello del sol y minimizar el uso de calor excesivo contribuyen a mantener su integridad y evitar daños.

Para aquellos que desean camuflar las canas, alternativas naturales, como la henna y las hierbas colorantes, ofrecen una solución saludable y sostenible. A diferencia de los tintes químicos, estas opciones no agreden el cabello ni el cuero cabelludo, promoviendo una coloración gradual y rica en matices. Por otro lado, asumir las canas con confianza y elegancia se ha convertido en una elección cada vez más celebrada, valorando la autenticidad y la belleza natural. Con los cuidados adecuados, es posible transformar las canas en un símbolo de estilo, fuerza e individualidad, reflejando una belleza que transciende patrones y abraza la singularidad de cada persona.

La práctica diaria de la limpieza facial se revela indispensable para asegurar la salud y la vitalidad de la piel. Más que un simple hábito estético, se trata de una medida preventiva y restauradora que protege contra la obstrucción de los poros y condiciones adversas como el acné, irritaciones y signos de envejecimiento precoz. Además, la elección por métodos naturales confiere un cuidado especial, donde la piel es tratada con respeto, libre de agresiones químicas, y en armonía con principios sostenibles.

La limpieza facial no se limita a remover residuos visibles. Es un acto de cuidado profundo, que actúa en diferentes niveles de la piel. Al realizarla dos veces al día, mañana y noche, sus beneficios se acumulan y transforman la salud cutánea. Impurezas como la suciedad, partículas de contaminación y maquillaje se eliminan con eficiencia, previniendo el bloqueo de los poros y reduciendo la formación de puntos negros y espinillas. La remoción del exceso de grasa también es crucial, especialmente en la zona T – que engloba frente, nariz y barbilla –, áreas propensas a un brillo excesivo y al acné.

Este ritual va más allá de la simple higienización: promueve la renovación celular al eliminar células muertas, devolviendo a la piel un aspecto joven, radiante y con textura uniforme. La eficacia de otros productos de tratamiento, como hidratantes, sérums y mascarillas, se amplifica en una piel debidamente limpia, ya que los nutrientes y activos encuentran el camino libre para actuar profundamente. Además, la limpieza desempeña un papel esencial en el equilibrio del pH de la piel y en el soporte a la flora bacteriana saludable, aspectos fundamentales para mantener la salud cutánea a largo plazo.

En la cosmética natural, el abordaje a la limpieza facial se realiza con suavidad y eficacia, respetando la integridad de la piel. Métodos como las leches limpiadoras destacan por sus propiedades hidratantes y calmantes, siendo ideales para pieles secas y sensibles. Combinan aceites vegetales como el de almendras dulces, mantecas como la de karité e hidrolatos de rosa o camomila, ofreciendo una experiencia rica y reconfortante. Los jabones naturales, elaborados con aceites vegetales y arcillas, atienden bien las necesidades de las pieles grasas, equilibrando la grasa sin causar resequedad. En casos de pieles mixtas o grasas, geles de limpieza a base de aloe vera, té verde e hidrolatos de árbol de té proporcionan frescor y ligereza. Por último, las aguas micelares, compuestas por micelas que capturan impurezas, se adaptan a todo tipo de piel, siendo prácticas y eficaces.

La elección del producto ideal para la limpieza facial depende del análisis del tipo de piel y de sus demandas específicas. Las pieles secas y sensibles se benefician de fórmulas hidratantes y calmantes, mientras que las pieles grasas y mixtas requieren composiciones con ingredientes astringentes. La piel normal, a su vez, ofrece mayor libertad de elección, bastando observar cómo responde a los diferentes productos.

El método de limpieza facial involucra pasos simples, pero fundamentales para garantizar una piel limpia y saludable. El primer paso es remover cualquier maquillaje presente. Un desmaquillante natural, como el aceite de coco o el agua micelar, puede ser usado para disolver el maquillaje, preparando la piel para una limpieza más profunda. Con el rostro humedecido en agua tibia o fría, se aplica el producto de limpieza elegido, extendiéndolo suavemente con movimientos circulares durante aproximadamente un minuto. Este masaje no solo limpia, sino que estimula la circulación sanguínea, contribuyendo a la revitalización de la piel. El enjuague con agua limpia elimina el producto y cualquier residuo restante, dejando la piel lista para la etapa final: el secado. Aquí, es fundamental usar una toalla suave y evitar frotar, para no agredir la piel.

Los métodos naturales ofrecen no solo eficacia, sino también la posibilidad de crear productos personalizados en casa, con ingredientes simples y accesibles. Por ejemplo, para pieles secas, una leche limpiadora puede ser preparada mezclando dos cucharadas de aceite de almendras dulces, una cucharada de manteca de karité, dos cucharadas de hidrolato de rosa y diez gotas de aceite esencial de lavanda. El resultado es un producto nutritivo y suavizante, que puede ser aplicado con las manos o con un disco de algodón, removiendo suavemente las impurezas.

Para pieles grasas, un jabón natural es una excelente elección. Con una base glicerinada vegetal como punto de partida, se añade una cucharada de arcilla verde, una de aceite de coco y diez gotas de aceite esencial de árbol de té. Este jabón no solo limpia, sino que también ayuda a equilibrar la grasa, promoviendo una piel más uniforme. El proceso de preparación es simple: la base glicerinada se derrite al baño maría, se incorporan los ingredientes y la mezcla se vierte en moldes, donde se seca durante 24 horas antes de ser usada.

Un gel de limpieza ideal para pieles mixtas puede ser hecho combinando media taza de gel de aloe vera, una cucharada de extracto de hamamelis y diez gotas de aceite esencial de limón. El resultado es un producto ligero y refrescante, que revitaliza la piel mientras remueve el exceso de grasa. La aplicación es simple: basta con masajear el gel en el rostro y enjuagar.

Estos métodos muestran cómo es posible incorporar prácticas de cuidado con la piel que, además de eficientes, valoran los ingredientes naturales y promueven el bienestar. La limpieza facial se convierte, así, en más que una obligación: un momento de autocuidado que renueva no solo la piel, sino también la conexión con el propio cuerpo.

Las canas, ya sean adoptadas con naturalidad o transformadas mediante coloraciones naturales, llevan consigo una narrativa única que refleja historia, estilo y autoconfianza. Cuidar de este cabello va más allá de la estética, involucrando una atención especial a la textura, al brillo y a la resistencia. La elección de productos adecuados, aliados a rutinas simples y eficaces, puede revitalizar el cabello, destacando su belleza singular y transformándolo en una expresión de autenticidad.

La transición para asumir las canas, cuando se hace intencionalmente, también se convierte en un acto de libertad y aceptación. Este proceso es una invitación a desconstruir patrones de belleza convencionales y abrazar una estética propia, marcada por la valentía de celebrar la naturalidad. Con los cuidados correctos, es posible realzar el encanto de las canas, explorando sus matices y creando un visual que traduce individualidad y fuerza.

Por último, independientemente de las elecciones individuales, las canas simbolizan más que un simple cambio físico. Representan una jornada de transformación y madurez, donde cada cana es un testimonio de las experiencias vividas. Tratar este cabello con cariño y atención refleja no solo una preocupación con la apariencia, sino también un profundo respeto por la propia historia y por la belleza que esta lleva consigo.

Epílogo

Llegar al final de esta lectura no es solo el cierre de un libro, sino el inicio de una nueva percepción sobre belleza, salud y autocuidado. Has recorrido un camino que revela no solo fórmulas y prácticas, sino un estilo de vida fundamentado en el equilibrio, el respeto y la autenticidad.

En cada capítulo, te has adentrado en un mundo donde lo simple se vuelve poderoso y lo natural se revela como la respuesta para muchos de los desafíos que enfrentamos en nuestra búsqueda por el bienestar. La belleza que este libro defiende no es efímera o superficial, sino enraizada en elecciones que nutren y sustentan el cuerpo y el alma.

Más que recetas de cosméticos o explicaciones sobre ingredientes, este contenido ofrece una filosofía de vida. Cada aceite esencial, cada arcilla y cada ritual descrito aquí lleva un mensaje: el cuidado del cuerpo es un reflejo del cuidado con el mundo. Al valorar los ingredientes naturales y las prácticas sostenibles, no solo transformas tu piel, sino que también contribuyes a un planeta más equilibrado y saludable.

Este libro ha mostrado que la verdadera belleza es una danza armoniosa entre el interior y el exterior. No es el brillo temporal de un producto químico, sino el brillo auténtico que proviene de una vida alineada, donde la salud, el autocuidado y la consciencia van de la mano.

Ahora es el momento de llevar este aprendizaje más allá de las páginas. Cada pequeño gesto – al elegir un alimento más saludable, al crear un ritual de skincare o al simplemente respirar profundamente en medio de la naturaleza – refuerza la idea de que la belleza está en las acciones cotidianas.

Si hay una lección esencial que este libro deja, es que el cuidado consigo mismo es un acto de amor que reverbera en todas las áreas de la vida. Que al nutrir tu piel, alimentas tu alma. Que al valorar lo natural, celebras la simplicidad y la fuerza que provienen de la tierra.

La jornada por la belleza holística no termina aquí. En realidad, está apenas comenzando. Que cada día sea una oportunidad de profundizar esa conexión contigo mismo y con el mundo a tu alrededor. Y que recuerdes que el autocuidado no es un lujo, sino una necesidad, un regalo que te das a ti mismo y a todos los que tienen el privilegio de compartir la vida a tu lado.

Con votos de una vida iluminada por tu belleza auténtica.

www.ingramcontent.com/pod-product-compliance
Lightning Source LLC
LaVergne TN
LVHW040053080526
838202LV00045B/3617